Монгол хэл

Global Biz **Mongolian**

샌배노
몽골어

일상회화 편 · 비즈니스회화 편

저자: 강사라(Tugsjargal) / 김명화

추 천 사

이라(재한몽골인단체총연합회 사무총장, 다모글로벌교육문화협동조합 이사)

아는 만큼 보이고 보는 만큼 안다는 말이 있다. 한국에서 살고 있는 외국인도 많지만 유학, 출장, 사업, 여행 등 다양한 일로 외국을 향하는 사람들이 많아지고 있다. 가기 전에 준비해야 할 것들이 많겠지만 무엇보다 그 나라에 대한 기본적인 이해와 현지에서 어떻게 재미있고 안전하게 지낼 수 있는지에 대한 정보가 중요하다. 저도 처음 한국에 왔을 때 한국어를 몰라서 생활하는 데 어려움이 많았다. 몽골에서 오신 강사라 선생님이 집필한 책이 여러분에게 기본적인 언어·문화·생활 정보를 알려줄 수 있는 가장 좋은 안내책자가 되어줄 것이다. 이 책을 통해 몽골에 대한 새로운 정보를 많이 얻고 몽골의 또 다른 매력을 발견할 수 있을 거라 믿는다.

Нүдээрээ үзэж мэдэж, мэдсэн болгон нүднээ тусна гэсэн үг байдаг. Солонгост амьдарч байгаа олон гадаадын иргэд байдагч сурах, ажиллах, аялах зэрэг олон ажлаар гадаад орныг зорьж байгаа иргэд ч цөөнгүй болсон билээ. Гадаад орныг зорьхоосоо өмнө тухайн улс орны талаарх мэдээлэл хамгийн чухал байдаг. Монгол хэл соёлыг агуулсан энэ ном аялалыг улам баялаг болгоноо гэж итгэж байна. Анх солонгост ирээд хэл болон соёлын тухай хангалттай мэдээлэл өөрийн хэлээр олж мэдэх боломж байгаагүйгээс бэрхшээлтэй тулгарч байсан үе цөөнгүй байсан. Монголоос ирсэн Төгсжаргал зохиогчийн маань хийсэн монгол хэл, соёлын тухай мэдээлэл агуулсан энэ номоос олон зүйлсийг мэдэж авах таны гарын авлага болж чаднаа гэж бодож байна. Мөн номоор дамжуулан хэрэгтэй мэдээллээ авч монгол хэл сураад монголын тухай мэдээгүй байсан олон зүйлийг олж мэдэж авахыг хүсье.

추 천 사

최흥열 (전 코이카 KOICA 몽골 사무소장)

우리와 이웃한 몽골은 매년 약 5만 명의 한국인들이 방문하여 몽골의 드넓은 초원과 고비 사막과 같은 아름다운 자연환경을 여행하고 있다. 내가 코이카 KOICA 몽골 사무소장으로 근무하던 시절(2012~2015년) 여행 및 비즈니스를 목적으로 몽골을 방문한 수많은 한국인들이 쉽게 몽골어를 배울 수 있는 책자가 부족해 아쉬움을 토로하는 경우가 많았다.

지난 2012년부터 2014년까지 코이카 해외봉사단 단원으로 참여해 사서분야에서 활동했던 김명화 선생님이 집필한 ≪샌배노! 몽골어≫는 몽골을 처음 방문하는 여행자와 비즈니스를 위해 몽골을 방문하는 사업가들이 손쉽게 몽골어를 배울 수 있는 유용한 책이라고 생각한다.

저자인 김명화 선생님이 몽골에서 경험한 내용을 바탕으로 작성한 ≪샌배노! 몽골어≫가 몽골어를 배우고자 하는 사람들에게 도움이 되기를 바라며, 앞으로도 계속해서 한-몽 교류에 가교가 되기를 기대한다.

서   문

나는 나의 모국인 몽골에 살면서 남편과 한국어로 소통하며 지내다가 처음에 한국에 와서 한국의 문화, 한국이라는 나라와 한국 사람들의 특징을 알지 못해서 어려움을 겪을 때가 많았다. 제일 큰 어려움은 언어였고, 그 다음으로 문화 차이로 인해 이해하기 힘든 점이었다.

"물을 마시려면 관습을 따라라. **Усыг нь уувал ёсыг нь дага**(오스익느 오-왈 여스익느다그)"라는 몽골 속담이 있다. 나는 이 말을 떠올리며 한국의 언어를 배우고 한국 문화를 이해하기 위해 노력했다.

몽골에 가고자 하는 분들, 몽골어에 관심 있는 분들 또는 몽골 사람과 결혼하는 분들에게 이 책이 도움이 되기를 바란다. 이 책은 몽골어뿐만 아니라 몽골 문화 및 생활의 특징, 특히 실용적인 의사소통을 배우는 데 도움이 될 것이다.

이 책을 편찬할 수 있게 도움을 주신 한국에 사는 다문화 가정의 자녀들과 이주 여성을 위해 늘 지원해주시는 (주)아시안허브 최진희 대표님께 감사의 마음을 전한다. 항상 든든한 기둥이 되어주는 남편 강우식, 아들, 딸, 경성교회의 성도들과 조학봉 목사님께 감사드린다.

2017년 4월
강사라(Tugsjargal)
(tugi_a@naver.com)

서 문

몽골어를 더욱 자신 있게!

이 책은 몽골에 대한 소개와 함께 일상회화 편과 비즈니스회화 편으로 나누어 총 28과로 구성하였으며, 일상적인 대화를 통해 이야기로 기억하고 자신이 자주 쓰고 싶은 유용한 표현을 가볍게 익힐 수 있는 책이다. 대화, 유용한 표현, 단어, 문법과 활용뿐만 아니라 문화 엿보기 등 다양한 읽을거리를 실어 재미있고 체계적으로 배울 수 있게 구성하였다. 저자가 몽골에 거주하면서 자주 사용했던 표현 중 꼭 필요한 내용을 소개했다. 또한 문화 엿보기를 통해 몽골의 고유한 역사와 문화를 이해하는 데 큰 도움이 될 것이다.

요즘 서점에 가면 책들이 넘쳐나서 어떤 책을 봐야 할지 고르기가 쉽지 않다. 몽골어 책의 경우 주로 사전이나 여행안내서가 대부분으로 종류가 한정되어 아쉬움이 많았다. 기존의 몽골어 관련 책은 한국어 발음 표기가 실제 발음과 상이한 부분이 많아 최대한 원어민이 발음하는 대로 표현하려고 노력하였으며, 몽골어를 처음 접하는 학습자들도 혼자서 쉽게 공부할 수 있게 어려운 문법도 자세히 설명하였다.

이 책이 몽골어에 대한 최소한의 길잡이가 되기를 희망하며, 미진한 부분은 앞으로 독자 여러분의 의견을 반영해 계속 보완할 것이다. 많은 성원과 조언을 부탁드린다. 몽골어에 관심 있는 독자들을 위해 몽골어에 관한 책을 꼭 쓰고 싶었다. 이 책을 편찬할 수 있게 지원해주신 아시안허브 최진희 대표님과 직원분들께 깊은 감사의 마음을 전한다. 항상 아낌없이 나를 응원해주는 부모님과 가족, 친구들에게 감사드린다. 이 책을 우리 엄마, 김은주 님에게 바친다.

2017년 4월
김명화
(totopekmh@gmail.com)

○ 일상회화 편

유진(한국인, 여자)

관광을 목적으로 몽골을 방문한 호기심 많은 29세의 미혼 여성.

바트(몽골인, 남자)

유진에게 몽골의 문화와 도시를 소개해주는 친절한 청년.

○ 비즈니스회화 편

민정(한국인, 여자)

한국의 중견 게임개발업체 IT허브코리아(IT Hub Korea) 팀장 조민정.
칭기스IT(Chinggis IT)와 게임 개발을 제휴하기 위해 몽골을 방문 중이다.

아나르(몽골인, 남자)

칭기스IT(Chinggis IT) 부사장.
민정의 제안을 검토해 한국 회사와 첫 계약을 맺었다.

Сайн байна уу?

이 책은 몽골 여행을 준비하는 분들과 몽골에서 사업을 계획하는 분들을 위해 쓰였다. 일반 관광객들이 여행지에서 바로 사용할 수 있는 기본적인 회화와 몽골 문화에 대한 정보를 소개하고 있어 사업상 몽골을 방문하는 분들이 현지의 특성을 파악해 업무를 진행하는 데 적합한 언어를 사용할 수 있게 도움을 줄 것이다. 처음 몽골어를 배우는 분들은 조금 어렵다고 느낄 수도 있지만 한국어 발음이 표기되어 있어서 쉽게 익힐 수 있다.

이 책은 몽골을 여행하는 김유진과 사업차 방문한 조민정이 몽골에서 겪는 상황을 엮은 대화를 바탕으로 다음과 같이 구성하였다.

PART 1에서는 몽골과 몽골어에 대한 기본 지식을 소개하고, 언어의 특성과 글자를 읽고 쓰는 법에 대해 알아본다.

PART 2에서는 몽골을 여행하며 만나게 될 다양한 상황에 필요한 단어와 문장을 담았다. "대화" 부분의 에피소드는 여행 중 누구나 겪을 수 있는 내용이다. 만화처럼 읽고, 드라마처럼 사용해보기 바란다.

PART 3에서는 사업상 몽골을 방문하는 분들을 위한 문장과 정보를 담았다. 문장을 익히는 것도 중요하지만, 대화에 담긴 몽골의 문화와 특성을 잘 알아둔다면 비즈니스 매너를 지키면서 몽골 사람과 좋은 동반자 관계를 맺는 데 도움이 될 것이다.

◎ 대화

몽골을 여행하거나 출장 중인 사람들이 겪을 법한 에피소드를 중심으로 구성해 책에
나온 문장을 현지에서 그대로 사용해볼 수 있다. 실제 발음과 가장 유사한 한국어로
발음을 표기해 몽골 키릴문자를 익히지 않아도 바로 사용할 수 있다.

◎ 유용한 표현

각 과의 주제에 맞는 다양한 문장을 소개한다. "대화"에서 배운 표현을 응용해 여행
및 출장 중에 꼭 필요한 문장을 바로 찾아서 말할 수 있게 정리하였다. 자주 쓰이는
문장으로 구성되어 있어 단어를 바꾸어 유용하게 활용할 수 있다.

◎ 단어

각 과의 주제에 맞는 단어를 담고 있어 유용한 표현에 나온 문장과 함께 새로운 문장
을 만들 수 있다. 새로운 문장을 만들 때는 "문법" 부분을 참고하면 유용하다.

◎ 문법과 활용

대화할 때 많이 활용되어 반드시 알아야 할 문법을 쉬운 설명과 적절한 예시와 함
께 제시하였다.

◎ 연습하기

각 과에서 배운 내용을 중심으로 간단한 문제를 담고 있다. 문제를 풀면서 배운 내용
을 다시 상기하고 복습하는 과정을 통해 학습 효율을 높일 수 있다.

◎ 문화 엿보기

한국인이 몽골에 거주하며 보고 느낀 몽골의 다양한 문화를 소개하고 있다. 의식주
등 몽골의 일상부터 사업, 관광에 대한 면까지 문화적 특성이 담긴 내용을 담고 있어
몽골을 이해하는 데 도움이 될 것이다.

◎ 연습하기 정답

"연습하기"에 있는 문제의 정답을 정리해놓았다.

◎ 부록

주요 국가 및 기관의 약어를 소개하고 있다.

Гарчиг 차 례
가르칙

PART 1
몽 골 어 소 개 편

01 몽골 소개   **22**

02 몽골어 소개   **25**

PART 2
일 상 회 화 편

01 **Сайн байна уу**   **36**
샌 밴오
안녕하세요 (인사하기)

02 **Би солонгос хүн**   **41**
비 설렁거스 훙
저는 한국인이에요 (소개하기)

03 **Валют солих цэг хаана байна вэ?**   **46**
왈류트 설리흐 첵 한 밴 왜?
환전소는 어디인가요? (위치 파악하기)

04 **Баярлалаа**   **51**
바야를라-
감사합니다 (감정 표현하기)

05 **Одоо цаг хэд болж байна?**   **56**
어더- 착 헤드 벌즈 밴?
지금 몇 시예요? (시간 묻고 대답하기)

06 **Хамгийн том үндэсний баяр хэзээ вэ?**   **63**
함기잉 텀 운데스니 바야르 헤제- 왜?
가장 큰 명절이 언제인가요? (날짜 묻고 대답하기)

07 **Энэ ямар үнэтэй вэ?**   **69**
엔 야마르 운테- 왜?
이거 얼마예요? (가격 묻고 대답하기)

08 **Их үнэтэй юм**   **74**
이흐 운테- 욤
너무 비싸요 (물건 사기)

09 **Баруун тийш яваарай**   **79**
바로옹 티-시 야와-래
오른쪽으로 가세요 (방향, 지시어 익히기)

10 **Хаанаас автобусанд сууж болох вэ?**   **83**
하-나-스 아우토산드 소-즈 벌러흐 왜?
버스는 어디서 탈 수 있나요? (대중교통 이용하기)

11 **Бууз авъя**   **88**
보-쯔 아위
고기만두 주세요 (음식 주문하기)

12 **Гэдэс өвдөж байна**   **94**
게데스 오우드즈 밴
배가 아파요 (병원 가기)

13 **Паспортоо гээчихлээ**   **99**
파스퍼르터- 게-치흘레-
여권을 잃어버렸어요 (도움 청하기)

PART 3
비 즈 니 스 회 화 편

01 **Ачаагаа хаанаас авах вэ?**   **106**
아차-가- 하-나-스 아와흐 왜?
수하물은 어디에서 찾나요? (공항 이용하기)

02 **И-мэил яаралтай явуулах хэрэгтэй байна**   **111**
이메일 야랄태 야올라흐 헤렉테- 밴
급한 메일을 보내야 합니다 (인터넷 이용하기)

03 **Танилцсандаа таатай байна**   **117**
타닐츠쌍다- 타-태 밴
처음 뵙겠습니다 (명함 교환하기)

04 **Хариуцсан ажилтанг танилцуулъя**   **121**
해로츠쌍 아질탕그 타닐촐리
책임자를 소개합니다 (동료 소개하기)

05 **Манай байгууллага нь АйТи хоб кореа**   **126**
마내- 배골락 느 아이티허브 커레아.
저희 회사는 IT허브코리아입니다 (회사 소개하기)

06 **Бизнесийн үйл ажиллагаа явуулах гэж байна**   **133**
비즈네싱 우일 아질라가- 야올라흐 게즈 밴
사업을 진행하려고 합니다 (행정 단위 말하기)

07 **Аль бүс нутаг сайхан бэ?**   **138**
앨르 부스 노탁 새흥 배?
어느 지역이 좋을까요? (사업 분야 말하기)

08 **Орой юу идэх вэ?**   **144**
어레 요 이드흐 왜?
저녁에 무엇을 먹을까요? (음식 문화 배우기)

09 **Даваа гаригт өөр ажилтай**   **149**
다와 가릭트 우-르 아질태
월요일에는 다른 일정이 있습니다 (일정 조율하기)

10 **Өнөөдрийн хурлын сэдэв**   **154**
우노-드리잉 호를링 세뎁
오늘 회의의 주제는 이것입니다 (회의 단어 익히기)

11 **Сайн байна, гэвч**   **160**
샌 밴, 겝츠
좋습니다, 하지만 (회의 시 의견 말하기)

12 **Бодож байгаа үнэ хэд вэ?**   **166**
버더즈 배가- 운 헤드 왜?
생각하시는 가격이 얼마입니까? (가격 협상하기)

13 **Бодох хугацаа хэрэгтэй байна**   **171**
버더흐 혹차- 헤렉테 밴
생각할 시간이 좀 더 필요합니다 (계약서 작성하기)

14 **Солонгос улсад ирээрэй**   **176**
설렁거스 올사드 이레-레-
한국에 한번 오세요 (한국에 초대하기)

15 **Дараа дахин уулзацгаая**   **181**
다라- 다힌 오올자츠가이
다음 만남을 기대합니다 (마무리 인사하기)

연습하기 정답   186

부록   191

PART 1

몽골어 소개 편

01 | 제1과 몽골 소개

몽골의 지리적·문화적 특성을 알아본다.

1-1 일반사항

- **국명:** 몽골(Монгол, Mongolia)
- **위치:** 중국과 시베리아 사이에 있는 중앙아시아 내륙 고원에 위치한다.
- **면적:** 1,567,000km² (동서 거리 2,405km, 남북 거리 1,263km로 한반도의 7.4배 면적)
- **기후:** 전형적인 대륙성기후로 온도 변화가 심하며, 계절이 명확히 구분되어 있고, 강수량이 적다.(연간 350mm) 겨울(10~4월)이 길고 춥고, 여름(6~8월)이 짧고 덥다. 여름에는 아름다운 초원을 볼 수 있으나 날씨 변화가 심하고 때로는 심한 돌풍을 동반한다. 겨울에는 영하 45도까지 내려가며, 이로 인해 가축을 잃는 유목민이 발생한다. (겨울철 한파로 인한 재해를 '조드', 폭설로 인한 재해를 '차강 조드', 겨울 가뭄으로 인한 재해를 '하르 조드'로 구분한다.)
- **수도:** 울란바토르(Улаанбаатар, '붉은 영웅'이라는 뜻)
  면적 4,704.4km², 해발고도 1,350m

■ **수도의 행정구역:** 9개의 구(дүүрэг, 두-렉), 121개 동(хороо, 허러-)

· Баянгол дүүрэг 바양걸 두-렉
· Сүхбаатар дүүрэг 수흐바-타르 두-렉
· Баянзүрх дүүрэг 바양주르흐 두-렉
· Сонгинохайрхан дүүрэг 성깅해르항 두-렉
· Чингэлтэй дүүрэг 칭겔테 두-렉
· Хан-Уул дүүрэг 항-오올 두-렉
· Багануур дүүрэг 바그노-르 두-렉
· Багахангай дүүрэг 박항가이 두-렉
· Налайх дүүрэг 날라이흐 두-렉

■ **행정 단위**

※ 21개의 주(аймаг 아이막)로 구성되어 있으며, 주는 329개의 군(сум 솜)으로 나뉜다.

■ **인구:** 311만 명(2016년 10월 기준)
· 평균수명: 68.8세(남 65.4세, 여 75.0세)
· 연령별 구성비율: 0~14세(27.3%), 15~64세(68.7%), 65세 이상(4%)
■ **민족:** 할흐 몽골족(90%), 카자흐족(5.9%), 브리야드계(2%) 등 17개 부족
■ **언어:** 할흐 몽골어(Khalkh Mongolian)
■ **종교:** 라마불교(90%), 샤머니즘 및 기독교(6%), 이슬람교(4%)
■ **시차:** 한국보다 1시간 늦다.(3월 마지막 주 토요일부터 9월 마지막 주 토요일까지 서머타임제 [일광절약시간제]를 적용해 서울과 시차가 없다.)
■ **거리/비행거리:** 2,000km
(인천~울란바토르: 1,226마일, 비행기로 세 시간 반 정도 소요된다.)

■ 문자

구분	고대문자	현대문자
문자	비치그	러시아 키릴문자 차용
형태 (뜻: 몽골)	ᠮᠣᠩᠭᠣᠯ	**Монгол**

1-2 정치·경제

- **정부 형태:** 의원내각제적 성격이 강한 이원집정부제(대통령: 외교·국방, 총리: 내각수반)
- **GDP:** 약 109억 달러(2017년 IMF 기준)
- **1인당 GDP:** 약 3,781달러
- **GDP 성장률:** 2.3%(물가상승률 1.9%)
- **무역액:** 84.7억 달러
    - 수출: 46.7억 달러(석탄, 석유, 철, 구리가 90%)
    - 수입: 38억 달러(석유제품, 중장비, 자동차)
- **화폐 단위:** Tugrik(투그릭)[1US$=2,425Tg(2017년 4월 기준)]
- **주요 자원:** 석탄, 동, 몰리브덴, 텅스텐, 형석, 아연, 금, 석유 등(세계 10대 자원부국)

1-3 우리나라와의 관계(1990. 3. 26. 수교)

- **1990. 6. 18. 주몽골 한국 대사관 개설**
- **1991. 2. 1. 주한 몽골 대사관 개설**
- **교역현황:** 2.9억 달러(2015년 말 한국무역협회 기준)
    - 수출: 246백만 달러(자동차, 석유제품, 농식품)
    - 수입: 46백만 달러(광물, 양모, 가죽제품)
    - ※ 제4대 무역국: 중국, 러시아, 영국, 한국
- **인적 교류:** 방한 81,201명, 방몽 47,213명(2015년 말 기준)
    - 체한 몽골인: 30,527명
    - 체몽 한국인: 2,720명

02 | 제2과 **몽골어 소개**

몽골어의 알파벳(Цагаан толгой 차강 털거이)의 인쇄체와 필기체의 모양을 익혀 발음할 수 있다.

2-1 몽골어 알파벳(Цагаан толгой 차강 털거이)

인쇄체 대/소	필기체 대/소	글자 이름	글자 발음	대표 발음	예	
А а	*Aa*	а	아	아	 **аав** 아-우 아버지	 **ачаа** 아차- 짐
Б б	*Бб*	бэ	베	ㅂ	 **багш** 박쉬 선생님	 **бөмбөг** 붐북 공
В в	*Вв*	вэ	왜	ㅡ~ㅜ~ㅘ	 **хавар** 하와르 봄	 **валют** 왈류트 외국 돈(달러 등)

25

인쇄체 대/소	필기체 대/소	글자 이름	글자 발음	대표 발음	예	
Г г	$\mathcal{J}v$	гэ	게	ㄱ	гар 가르 손	гэр 게르 집
Д д	$\mathcal{D}g$	дэ	데	ㄷ	ундаа 온다- 음료	дэлгүүр 델구-르 가게
Е е	$\mathcal{E}e$	е	예	ㅠ~ㅣ~ㅔ	ес 유스 아홉	үе 우이 때, 시기
Ё ё	$\ddot{\mathcal{E}}\ddot{e}$	ё	여	요~ㅣ	гоё 거이 좋다, 멋있다	ёс 요스 도리
Ж ж	$\mathcal{Ж}\;ж$	жэ	제	ㅈ	жаргал 자르갈 행복	ээж 에-즈 어머니

인쇄체 대/소	필기체 대/소	글자 이름	글자 발음	대표 발음	예	
З з	*Зз*	зэ	쩨/제	ㅈ/ㅉ	зардал 자르달 비용	зам 잠 길
И и	*Ии*	и	이	ㅣ	би 비 나, 저	их 이흐 많이, 대
й	*ий*	хагас и	하가스이	ㅣ	гахай 가하이 돼지	далай 달래 바다
К к	*Кк*	ка	카	ㅋ	кино 키노 영화	күнз 쿤즈 공자
Л л	*Лл*	эл	엘	ㄹ	хэл 헬 언어, 혀	гал 갈 불

인쇄체 대/소	필기체 대/소	글자 이름	글자 발음	대표 발음	예	
М м	*Мм*	эм	엠	ㅁ	**мах** 마흐 고기	**машин** 마쉰 자동차
Н н	*Нн*	эн	엔	ㄴ~ㅇ~ㅁ	**хүн** 훙 사람	**ном** 넘 책
О о	*Оо*	о	어	ㅓ~ㅗ	**одоо** 어더 지금	**охин** 어힝 딸
Ө ө	*Өө*	ө	우	ㅜ~ㅓ	**хөдөө** 후두- 시골, 지방	**өөр** 우-르 다른, 자신
П п	*Пп*	пэ	페	ㅍ	**компьютер** 컴퓨테르 컴퓨터	**пиво** 피워 맥주

인쇄체 대/소	필기체 대/소	글자 이름	글자 발음	대표 발음	예	
Р р	$\mathcal{P}p$	эр	에르	ㄹ	сар 사르 달, 월	нар 나르 태양
С с	$\mathcal{C}c$	эс	에스	ㅅ	сайн 샌 잘, 좋은	сүү 수- 우유
Т т	$\mathcal{T}m$	тэ	테	ㅌ	толь бичиг 털 비칙 사전	таваг 타왁 접시
У у	$\mathcal{U}y$	у	오	ㅗ	ус 오스 물	уух 오-흐 마시다
Ү ү	$\mathcal{U}y$	ү	우	ㅜ	дүү 두- 동생	нүд 누드 눈

인쇄체 대/소	필기체 대/소	글자 이름	글자 발음	대표 발음	예
Ф ф	*필기체*	фэ, фа	에프	푸~휘	гольф 걸푸 골프
Х х	*필기체*	хэ, ха	헤	ㅎ	хоол 허얼 밥, 요리, 음식 хэцүү 헤추- 어려운, 어렵다
Ц ц	*필기체*	цэ	체	ㅊ	цагдаа 착다- 경찰 цаг 착 시, 시간, 시계
Ч ч	*필기체*	чэ	체	ㅊ	чөлөө 출러 자유시간, 여가 эмч 엠치 의사
Ш ш	*필기체*	эш	이쉬	샤~슈~쉬	шөнө 슌 밤 шашин 사싱 종교

30

인쇄체 대/소	필기체 대/소	글자 이름	글자 발음	대표 발음	예
Щ щ	*Щ щ*	эшгчэ	이쉬체		외래어에만 사용
ъ	*ъ*	хатуугийн тэмдэг	하토깅템덱	음가 없음	харъя 하리 보자 ном 넘 책
ы	*ы*	эр үгийн и	에르 우긴-이	ㅣ	замын цагдаа 자밍착다- 교통경찰
ь	*ь*	зөөлний тэмдэг	졸르니템덱	ㅣ	сургууль 소르골 학교 морь 머르 말
Э э	Ээ	э	에	ㅔ	элс 엘스 모래 эгч 엑츠 언니, 누나, 아주머니

인쇄체 대/소	필기체 대/소	글자 이름	글자 발음	대표 발음	예	
Ю ю	*Ю ю*	ю	요	ㅛ~ㅠ	 **юбка** 유브카 치마	 **аюутан** 어요탕 대학생
Я я	*Я я*	я	야	ㅑ~ㅣ	 **яс** 야스 뼈	 **яагаад** 야가-드 왜

2-2 모음 체계

몽골어의 모음체계는 기본모음(단모음), 보조모음, 장모음, 이중모음으로 구성된다.

모음의 종류	구분	해당 모음
기본모음 (7개)	단음	а(아), э(에), и(이) о(오), у(오), ө(우), ү(우)
보조모음 (4개)	й + а й + э й + о й + у	я(야) е(예) ё(여) ю(요)
장모음 (8개)	모음의 중복	аа(아-), оо(오-), уу(오-), ы(이-) ээ(에-), өө(우-), үү(우-), ий(이-)
이중모음 (5개)	а, э, о, у, ү + й	ай(아이/애), эй(에이/에), ой(어이), уй(오이), үй(우이)

모음조화 법칙

몽골어의 모음에는 남성모음, 여성모음, 중성모음이 있고, 모음조화 법칙을 확실하게 지킨다. 외래어를 사용하지 않는 순수한 몽골어에서는 남성모음과 여성모음을 한 단어 안에 섞어 쓰지 않고, 중성모음은 남성모음과 여성모음에 상관없이 함께 쓴다.

	기본모음	보조모음	장모음	이중모음
남성 모음	a, o, y	я, ё	aa, oo, yy, ы	ай, ой, уй
여성 모음	э, ө, ү	е	ээ, өө, үү, ий	эй, үй
중성 모음	й	ю		

단어의 끝에 쓰는 모호모음

자음 뒤에 들어간 모음을 모호모음이라고 하는데, 글을 쓸 때는 표기하지만 말할 때는 소리를 내지 않는다.

 얼룩 толбо (털럽), 재산 хөрөнгө (후룽그), 돈 мөнгө (뭉그)

PART 2

일상회화 편

01 | 제1과

샌 밴오.
Сайн байна уу?
안녕하세요

대화

Южин
유진:

샌 밴오.
Сайн байна уу?
안녕하세요.

Бат
바트:

샌, 타 샌 밴오.
Сайн, та сайн байна уу?
안녕하십니까.

Южин
유진:

타닐츠쌍다 타아태 밴.
Танилцсандаа таатай байна.
만나서 반갑습니다.

Бат
바트:

멍걸드 탑태 머릴. 이레흐 잠다 야드랍오?
Монголд тавтай морил. Ирэх замдаа ядрав уу?
몽골에 오신 것을 환영합니다. 먼 길 오느라 피곤하시지요?

Южин
유진:

우귀에, 주게-레.
Үгүй ээ. Зүгээр ээ.
아니에요, 괜찮아요.

Бат
바트:

타 채 오-호?
Та цай уух уу?
차 한잔 드릴까요?

Южин
유진:

티기, 바야를라. 멍걸 후무-ㅅ 수-테 챈드 도르태 게즈 선서즈 배쌍 요마.
Тэгье, баярлалаа. Монгол хүмүүс сүүтэй цайнд дуртай гэж сонсож байсан юм аа.
네, 감사합니다. 몽골 사람들은 수테차를 좋아한다고 들었어요.

Бат
바트:

티-메. 몽골 수-테 채 타닐초올리.
Тийм ээ. Монгол сүүтэй цайг танилцуулья.
네. 몽골 수테차를 소개해드릴게요.

- 안녕하세요. / 안녕들 하십니까.
  - (한 사람에게 인사할 때) **Сайн, та сайн байна уу.** 샌 밴오.
  - (여러 사람에게 인사할 때) **Сайн байцгаана уу.** 샌 배-챠노.
  - (아침인사) **Өглөөний мэнд.** 오글러니 멘드.
  - (점심인사) **Өдрийн мэнд.** 우드링 멘드.
  - (저녁인사) **Оройн мэнд.** 어렝 멘드.
- 안녕히 가세요. **Баяртай.** 바야르태. / **Сайн яваарай.** 샌 야와래.
- 안녕히 계세요. **Сайн сууж байгаарай.** 샌 소-즈 배가래.
- 어떻게 지내세요? **Сонин сайхан юу байна?** 서닝 새항 요 밴?
- 저는 잘 지내요. **Тайван даа.** 태왕 다.
- 환영합니다. **Тавтай морилно уу.** 탑태 머릴은오.
- 편히 쉬십시오.(저녁에 헤어질 때) **Сайхан амраарай.** 새항 아므라래.
- 감사합니다. **Баярлалаа.** 바야를라.
- 죄송합니다. / 실례합니다. **Уучлаарай.** 오칠라래.
- 대단히 감사합니다. **Маш их баярлалаа.** 마시 이흐 바야를라.
- 천만에요.("감사합니다"에 대한 답변) **Зүгээр, зүгээр.** 주게-르, 주게-르.
- 내일 만나요. **Маргааш уулзая.** 마르가-시 오올지.
- 또 봐요. **Дараа уулзья.** 다라 오올지.

단어

네	**тийм**	티임	마시다	**уух**	오-흐
아니오	**үгүй**	우귀/우구	오다	**ирэх**	이레흐
좋다	**сайн байна**	샌 밴	가다	**явах**	야와흐
괜찮다	**зүгээр**	주게-르	듣다	**сонсох**	선서흐
기쁘다	**баяртай байна, таатай байна**	바야르태 밴 타아태 밴	먹다	**идэх**	이드흐
피곤하다	**ядрах**	야드라흐	소개하다	**танилцуулах**	타닐초올라흐
만나다	**уулзах**	오올자흐	나중에	**дараа**	다라-

문법과 활용

➠ 인칭대명사

몽골어에서 명사 뒤에 붙어 그것이 문장에서 일정한 자격으로 기능하게 하는 격조사/어미를 말한다. 몽골어에는 8가지 격조사/어미가 있는데, 주격, 소유격, 여처격, 대격, 탈격, 도구격, 공동격, 방향격이 그것이다.

	격	형태	예	
1	**주격** (~은/는/이/가)	Ø	**Би эмч.** 비 엠치.	저는 의사입니다.
2	**소유격** (~의)	-ийн, -ын, -н, -ы, -ий	**Ээжийн нэр** 에-징 네르	어머니의 성함
3	**여처격** (~에/에게)	-д, -т	**Найзад өгсөн.** 내자드 우고쓩.	친구에게 주었다.
4	**대격** (~을)	-ийг, -ыг, -г	**Энэ номыг уншсан.** 엔 넘익 온쉬쓩.	이 책을 읽었다.
5	**탈격** (~에서)	-аас, -ээс, -оос, -өөс	**Гэрээс гарсан.** 게레-스 가르쓩.	집에서 나왔다.
6	**도구격** (~으로)	-аар, -ээр, -оор, -өөр	**Савхаар идсэн.** 사우하르 이드쓩.	젓가락으로 먹었다.
7	**공동격** (~와 함께)	-тай, -тэй, -той	**Ахтай уулзсан.** 아흐태 올즈쓩.	오빠와(오빠를) 만났다.
8	**방향격** (~로)	-руу, -рүү, -луу, -лүү	**Сургууль руу явсан.** 소르고올로 야우쓩.	학교로 갔다.

연습하기

 맞는 문장을 서로 연결해보자.

A. Баярлалаа. •　　　　　　• a. 천만에요.

B. Дараа уулзья. •　　　　　　• b. 실례합니다.

C. Зүгээр, зүгээр. •　　　　　• c. 또 봐요.

D. Уучлаарай. •　　　　　　• d. 감사합니다.

MEMO

수테차와 마유주

수테차 Сүүтэй цай 수-테채 (몽골의 전통차)

몽골 사람들은 아침에 항상 '수테차'를 마신다. 몽골의 가정집에 손님이 방문하면 제일 먼저 내놓는 것이 수테차다. 수테차는 한국말로 '우유차'라는 뜻으로 손님을 우유의 빛깔처럼 깨끗하고 하얀 마음으로 맞이한다는 의미가 있다.

수테차를 끓이는 방법은 아주 간단하다. 먼저 물과 찻잎을 넣고 팔팔 끓인 후, 물과 우유의 비율을 2:1로 하여 우유와 소금을 함께 넣고 다시 한번 끓인다. 간혹 육포와 고기만두를 넣어서 만드는 경우가 있는데 한국 사람들의 입맛에는 짜게 느껴질 수도 있다. 살을 에는 듯한 추운 날에도 수테차 한 사발에 '보쯔'(бууз, 만두) 몇 개만 먹으면 마음까지 훈훈해지는 것을 느낄 수 있다. 수테차는 몽골의 오랜 전통이며 손님을 위한 마음이 담긴 차다.

아이락 Айраг 애락 (몽골의 전통술)

해마다 몽골 최대의 전통 축제 '나담'이 열리는 7월이면 축제를 위해 많은 준비를 한다. 몽골인들은 특히 아이락을 만드는 과정을 소중하게 여긴다.

아이락은 한국의 막걸리와 비슷한데 말젖을 짜서 가죽 부대에 넣고 발효될 때까지 나무 막대기로 저어 발효시킨 음료이다. 마유주라고 불리지만 알코올 성분이 약 5도 정도여서 몽골인들은 술로 생각하지 않는다. 암말의 젖은 젖소의 우유보다 비타민C가 세 배 이상 들어 있어서 식사 대용이나 몽골 최고의 영양식으로 사랑받고 있다. 또한 단백질, 지방, 칼슘, 미네랄 등이 풍부해 성인병에도 효과가 좋아 휴가를 내서 치료 목적으로 마유주 캠핑을 떠나는 사람들이 많다.

02 | 제2과
비 설렁거스 훙
Би солонгос хүн
저는 한국인이에요

대화

Бат
바트:
앨르 올사-스 이르쌩 배?
Аль улсаас ирсэн бэ?
어느 나라에서 오셨어요?

Южин
유진:
설렁거스 올사-스 이르쌩.
Солонгос улсаас ирсэн.
한국에서 왔어요.

Бат
바트:
타니 네르 헹베?
Таны нэр хэн бэ?
이름이 뭐예요?

Южин
유진:
미니- 네르 김유진.
Миний нэр Ким Южин.
제 이름은 김유진입니다.

Бат
바트:
헤뎅 나스태 왜?
Хэдэн настай вэ?
몇 살이에요?

Южин
유진:
허링 유승 나스태.
Хорин есөн настай.
스물아홉 살입니다.

Бат
바트:
멍걸드 야마르 아즐라르 이르쌩 베?
Монголд ямар ажлаар ирсэн бэ?
몽골에는 무슨 일로 오셨나요?

Южин
유진:
비 조올출라-르 이르쌩.
Би жуулчлалаар ирсэн.
저는 여행하러 왔어요.

- 직업이 뭐예요? **Та юу хийдэг вэ?** 타 요 히-득 왜?
  Ямар ажил хийдэг вэ? 야마르 아질 히-덱 왜?
- 어디에서 오셨어요? **Хаанаас ирсэн бэ?** 하-나스 이르씅 배?
- 사업차 왔어요. **Ажлаар ирсэн.** 아질라-르 이르씅.
- 당신의 이름이 뭐예요? **Таны нэр хэн бэ?** 타니 네르 헹 배?
  Таныг хэн гэдэг вэ? 타닉 헹 게득오?
- 제 이름은 바트예요. **Миний нэр бат.** 미니 네르 바트.
  Намайг бат гэдэг. 나맥 바트 게덱.
- 서울에 살아요. **Сөүлд амьдардаг.** 서울드 앰드르득.
- 당신의 가족은 몇 명이에요? **Таны гэр бүл хэдүүлээ вэ?**
  타니- 게르 불 헤두울레- 왜?
- 우리 식구는 다섯 명입니다. **Манайх ам бүл тавуулаа.**
  마네흐 암 불 타올라-.
- 결혼하셨나요? **Гэрлэсэн үү?** 게를쓴 우?
- 결혼했어요. **Гэрлэсэн.** 게를쑹
- 결혼 안 했어요. **Гэрлээгүй.** 게를레-귀.

단어

한국	Солонгос	설렁거스	사람	хүн	훙
어느	аль	앨르	나라	улс	올스
오다	ирэх	이레흐	이름	нэр	네르
나이	нас	나스	몇, 얼마	хэд	헤드
일	ажил	아질	무슨	ямар	야마르
여행	аялал жуулчлал	조올츨랄, 아일랄	서울	Сөүл	서울
살다	амьдрах	앰드라흐	가족	гэр бүл	게르 불
출장	томилолт	터밀럴트	식구	ам бүл	암 불
일하다	ажил хийх	아질 히-흐	결혼하다	гэрлэх	게를르흐

문법과 활용

➡ 의문문 만드는 방법

몽골어의 의문문은 의문사가 있는 형태와 의문사가 없는 형태로 나뉜다. 의문문에는 문장의 끝에 아래와 같은 의문첨사가 연결된다.

(1) 의문사가 없는 의문문에는 'уу?/үү?, юу?/юү?' 등의 의문첨사가 사용된다.

- уу(오): 남성모음이 있는 단어 뒤에 쓰인다.
- үү(우): 여성과 중성모음이 있는 단어 뒤에 쓰인다.
- юу(요): 남성모음이 있는 장·이중모음으로 끝나는 단어 뒤에 쓰인다.
- юү(유): 여성모음이 있는 장·이중모음으로 끝나는 단어 뒤에 쓰인다.

  예) 이것은 차예요? Энэ цай юу? 엔 채 요?

(2) 의문사가 있는 의문문에 '6э?, вэ?' 등의 의문첨사가 사용된다.

- бэ(배): 자음(в, л, м, н)으로 끝나는 단어 뒤에 연결한다.
- вэ(왜): 자음(в, л, м, н)을 제외한 나머지 자음과 모음으로 끝나는 단어 뒤에 연결한다.

  예) 이분은 누구세요? Энэ хэн бэ? 엔 헹 배?

  이분은 바트예요. Энэ бат. 엔 바트.

■ 의문사

한국어	몽골어	한국어	몽골어
누구?	Хэн? 헹?	얼마? 몇?	Хэд? 헤드?
무엇?	Юу? 요?	언제?	Хэзээ? 헤제-?
어느?	Аль? 앨르?	어디에?	Хаана? 한?
무슨?	Ямар? 야마르?	왜?	Яагаад? 야가-드?
어떻게?	Яаж? 야즈?		

연습하기

 의문첨사를 활용해 괄호 안에 알맞은 단어를 보기에서 찾아 쓰자.

[보기]	юу, уу, вэ, бэ, юу, үү

의문사의 유무	의문첨사	예
의문사가 있는 문장	( )	누구세요? **Хэн бэ?** 헹 배?
	( )	뭐예요? **Юу вэ?** 요 왜? 언제요? **Хэзээ вэ?** 헤제- 왜? 얼마예요? **Хэд вэ?** 헤드 왜?
의문사가 없는 문장	( )	책이요? **Ном уу?** 넘오?
	( )	엄마예요? **Ээж үү?** 에-즈우?
	( )	저녁에요? **Орой юу?** 어레 요?
	( )	아침에요? **Өглөө юу?** 오글러 유?

44

몽골의 전통가옥 게르 rəp

게르의 무게는 평균 250kg 정도이
며 운반하는 데 낙타 두 마리가 필요
하다. 요즘에는 지역을 옮길 때 대
부분의 가정에서 운반용 트럭을 빌
려서 이동한다.

전통 유목민들은 혹독한 추위에 생존하기 위해 게르(rəp)라는 나무로 엮은 벽에 양털
로 만든 펠트와 하얀색 천을 씌워 만든 둥근 형태의 천막집에서 거주한다. 게르는 낮
고 둥글어서 강한 바람에 잘 견디며 눈과 비에 젖어도 금방 마른다. 유목민들은 가축
에게 풀을 먹이기 위해 1년에 세 번 이사한다. 유목민의 이사는 지어진 집 사이를 옮
겨 다니는 것이 아니라 살고 있는 집 자체를 뜯어 세간과 함께 옮기는 것이므로 우리
의 이사 개념과는 다르다. 게르는 새로 짓거나 다시 조립하는 데 길어야 세 시간을 넘
지 않아 이동이 간편하다.

대도시를 중심으로 아파트 및 주택에 거주하는 인구가 증가하고 있으나 지금도 초원
지역 주민들은 대부분 게르에서 생활한다. 현재 아파트 거주율은 60% 수준이며, 인
구의 40%는 게르나 판잣집에서 생활한다.

───── 〈게르에서의 유의사항〉 ─────

- 밖에서 봤을 때 게르 내부의 정중앙은 상석으로 집주인 자리이고, 주방시설
  이 있는 오른쪽은 부인, 왼쪽은 손님의 자리다.
- 게르에 들어갈 때 문턱을 밟지 않아야 하며 문턱에 걸리거나 문지방을 밟으
  면 나갔다가 다시 들어와야 한다.
- 게르 안에서 휘파람을 불거나 기둥에 기대지 않는다.
- 몽골인들은 불을 신성하게 여기기 때문에 게르 안에 있는 화로에 물을 붓거
  나 쓰레기를 버리거나 화로를 넘어가면 안 된다.
- 다른 사람의 모자를 만지면 안되고, 놓여 있는 모자도 치우면 안 된다.
- 아이(또는 그 밖의 누구도)의 머리도 만지면 안 된다.

03 | 제3과

올류트 설리흐 책 한 밴 왜?
Валют солих цэг хаана байна вэ?
환전소는 어디인가요?

대화

Южин
유진:
오-칠라-래. 올류트 설리흐 책 한 밴 왜?
Уучлаарай. Валют солих цэг хаана байна вэ?
실례합니다. 환전소는 어디인가요?

Бат
바트:
넥 다우하르트 배가-.
Нэг давхарт байгаа.
1층에 있습니다.

Южин
유진:
이흐 델구-르 더터르 우-르 다우하르트 배흐귀유?
Их дэлгүүр дотор өөр давхарт байхгүй юу?
백화점 내에 다른 층에는 없나요?

Бат
바트:
배흐귀.
Байхгүй.
없습니다.

Южин
유진:
티무. 올류트 설리흐더- 설렁거스 헬레-르 얘르왈 벌호-?
Тийм үү. Валют солихдоо солонгос хэлээр ярьвал болох уу?
그래요. 환전할 때 한국어로 대화가 가능한가요?

Бат
바트:
벌러흐귀 벌로 게즈 버더즈 밴.
Болохгүй л бол уу гэж бодож байна.
음, 아마도 안 될 것 같아요.

Южин
유진:
테그웰 앵길 헬레-르 얘를왈 벌호-?
Тэгвэл англи хэлээр ярьвал болох уу?
그럼, 영어로 가능한가요?

Бат
바트:
티메- 벌른.
Тийм ээ болно.
네, 가능합니다.

유용한 표현

■ 위치어 익히기

위	Дээр	데-르	아래	Доор	더-르
안	Дотор	더터르	밖	Гадна	가든
앞	Өмнө / Урд	우문 / 오르드	뒤	Хойно / Ард	헌느 / 아르드
옆	Хажууд / Дэргэд	하조드 / 데르게드	중앙	Голд / Төвд	걸드 / 투우드
사이	Хооронд	허-런드			

- 책이 어디에 있나요? **Ном хаана байна вэ?** 넘 한 밴 왜?
- 위에 있어요. **дээр байна.** 데-르 밴.
- 아래에 있어요. **доор байна.** 더-르 밴.

단어

가게	дэлгүүр	델구-르	백화점	Их дэлгүүр	이흐 델구-르
환전소	Валют солих цэг	왈류트 설리흐 첵	층	давхар	다우하르
안, 속	дотор	더터르	다른	өөр, бусад	우-르, 보사드
그래요?	Тийм үү	티무?	환전하다	валют солих	왈류트 설리흐
금융	валют	왈류트	바꾸다	солих	설리흐
한국어	солонгос хэл	설렁거스 헬	~해도 되나요?	болох уу	벌호?
영어	англи хэл	앵길 헬	생각하다	бодох	버더흐
말하다	ярих	얘르흐	그러면	тэгвэл	테그웰

47

문법과 활용

➡ ~해도 되나요?

동사어간 + -**ж**(즈)/**ч**(츠) + **болох уу?**(벌호?)

> **в**(왜), **г**(그), **р**(랬), **с**(써) + **ч**
> 그 외 자음 + **ж**

답변: 네, 그럼요. **болно, болно.** 벌른, 벌른. / 안 돼요. **Болохгүй.** 벌러흐귀.

예
- 나가다 **Гарах** 가라흐
- 가도 되나요? **Гарч болох уу?** 가르츠 벌호?
  ※ 내일 일찍 나가도 돼요? **Маргааш эрт гарч болох уу?**
    마르가-쉬 이르트 가르츠 벌호?
- 가도 돼요. **Гарч болно.** 가르츠 벌른.
  네, 그럼요. **болно, болно.** 벌른 벌른.
- 가면 안 돼요. **Гарч болохгүй.** 가르츠 벌러흐귀.
  오늘은 집에서 나가면 안 돼요. **Өнөөдөр гэрээс гарч болохгүй.**
    우노드르 게레-스 가르츠 벌러흐귀.

➡ 네/아니오

한국어	의문문
네. **тийм.** 티임.	그래요? **Тийм үү?** 티무?
아니오. **үгүй.** 우귀.	아니에요? **Үгүй юү?** 우귀유?
있어요. **байна.** 밴.	있어요? (여보세요?) **Байна уу?** 밴오?
없어요. **байхгүй.** 배흐귀.	없어요? **Байхгүй юү?** 배흐귀유?

48

A. 주어진 몽골어를 한국어로 완성해보자.

A. Хажууд _____

B. Дотор _____

C. Доор _____

D. Гадна _____

"

MEMO

"

환전과 환율

몽골의 화폐 단위는 төгрөг(투그릭)이다. 몽골에서는 달러를 доллар(덜라르), 한국 돈을 вон(원)이라 한다. 달러에서 투그릭으로 환전할 때에는 가능하면 100 달러 단위로 해야 손해가 적으며, 은행보다는 사설 환전소가 5~10투그릭 정도 높게 환전해준다. 환전소는 Валют солих цэг(왈류트 설리흐 책) 또는 Валют арилжаа (왈류트 아릴자-)라고 하며 간혹 환전소의 간판을 영어로 'Exchange' 라고 해놓은 경우도 있다.

공항이나 백화점 등에도 환전소가 있으나 쇼핑객, 관광객들의 수요가 많아 환율이 좋지 않은 경우가 대부분이므로 반드시 은행이나 사설 환전소에 가서 환전할 것을 추천한다. 수도인 울란바토르에는 Цэцэг төв(체첵터브) 2층에 유명한 사설 환전소가 있으며, 국영 백화점 뒤쪽 Урт цагаан(오르트 차가앙) 주변에 사설 환전소가 밀집해 있으므로 발품을 팔아 환율을 비교하며 이용하는 것도 좋은 방법이다. 길을 모른다면 주변에 있는 몽골 사람들에게 물어보자. 몽골어로 "환전소는 어디에 있나요?"는 "Валют солих цэг хаана байна вэ? 왈류트 설리흐 책 한 밴 왜?"라고 하면 된다.

현지 은행은 한뱅크(Хаан банк, Khan Bank), 골롬트 뱅크(Голомт банк, Golomt Bank), 투링뱅크(Төрийн банк, State Bank), 하스뱅크(Хас банк, Xac Bank), TDB(Худалдаа хөгжлийн банк, Trade Development Bank) 등이 있다. 그중 한뱅크와 골롬트뱅크에는 한국어 구사가 가능한 직원이 있어 통장, 카드 개설이 편리하다. 각 은행의 본점이 울란바토르 시내 중심가에 위치하므로 방문하기가 쉽다.

한국의 웹사이트 네이버와 같이 몽골에서도 사람들이 자주 이용하는 'gogo'라는 사이트가 있는데, 환율 정보 및 몽골 뉴스 등을 실시간으로 볼 수 있다.

〈공시 환율을 알려주는 몽골 사이트: http://gogo.mn/〉

04 | 제4과 바야를라- Баярлалаа
감사합니다

대화

Бат
바트:
여이! 오우드즈 밴.
Ёой~! Өвдөж байна.
아야! 아파라.

Южин
유진:
오-칠라-래-. 주게-르 우?
Уучлаарай. Зүгээр үү?
죄송합니다. 괜찮으세요?

Бат
바트:
주게-레-. 넘 우즌게- 야우발 아율태슈.
Зүгээр ээ. Ном үзэнгээ явбал аюултай шүү.
괜찮습니다. 그렇게 책을 보면서 걸으면 위험해요.

Южин
유진:
투-르치허-드 가즈링 조락 하르즈 야우쌍 욤아. 오-칠라-래. 잠 자-가-드 우거-치.
Төөрчихөөд газрын зураг харж явсан юм аа.
Уучлаарай, зам заагаад өгөөч.
길을 잃어버려서 지도를 보던 중이에요. 실례지만, 길 좀 물을게요.

Бат
바트:
티기. 하-샤- 야우즈 배가- 욤배?
Тэгье. Хаашаа явж байгаа юм бэ?
네. 어디로 가던 중이세요?

Южин
유진:
고로우 도가-르 허러-럴 야우즈 밴. 엔 하위들 욤 식 배흐 욤…….
3 дугаар хороолол явж байна. Энэ хавьд л юм
шиг байх юм…….
3구역에 가는 중이에요. 이 근처인 것 같은데…….

Бат
바트:
헐 비셰-. 아마르항 어치흐 잠 자-가-드 우기.
Хол биш ээ. Амархан очих зам заагаад өгье.
멀지 않아요. 쉬운 길로 가르쳐드릴게요.

Южин
유진:
바야를라-.
Баярлалаа.
감사합니다.

■ [(감정상태 표현) ~해요] 동사어간 + -ж/ч байна 밴

예		
아파요.	өвдөж байна. 오우드즈 밴. 동사) 아프다 өвдөх 오우드흐	
무서워요.	айж байна. 애즈 밴. 동사) 무섭다 айх 애흐	
피곤해요.	ядарч байна. 야다르츠 밴. 동사) 피곤하다 ядрах 야드라흐	
화가 나요.	уур хүрч байна. 오-르 후르츠 밴. 동사) 화나다 уур хүрэх 오-르 후르흐	

■ [괜찮다] Зүгээр 주게-르

예	
괜찮아요?	Зүгээр үү? 주게-르 우?
괜찮아요.	Зүгээр ээ. 주게-레-.

■ [~인 것 같다] - юм шиг байна 욤 식 밴

예	
제가 늦을 것 같아요.	Би хоцрох юм шиг байна. 비 허츠러흐 욤 식 밴. 동사) 늦다 хоцрох 허츠러흐
다리가 부러진 것 같아요.	Хөл хугарсан юм шиг байна. 홀 호가르쌍 욤 식 밴. 동사) 부러지다 хугарах 호가라흐

52

단어

책	ном	넘	보다	үзэх, харах	우즈흐, 하라흐
가다	явах	야와흐	위험하다	аюултай	아욜태
길을 잃다	зам төөрөх	잠 투-르흐	지도	газрын зураг	가즈링 조락
용서하다	уучлах	오-칠라흐	어디로	хаашаа	하-샤-
가다, 이르다	очих	어치흐	구역, 단지	хороолол	허러-럴
근처, 부근	хавь	하위	멀다	хол	헐
쉬운	амархан	아마르항	가르치다	заах	자-흐
주다	өгөх	우고흐	가르쳐주다	заагаад өгөх	자-가-드 우고흐

문법과 활용

➡ 현재시제(서술형, 의문형)

■ 현재진행

긍정문일 때에는 어간에 **-ж/-ч**를 붙이고 **байна**을 쓴다.
진행의문문을 말할 때에는 어간에 **-ж/-ч**를 붙이고 **байна уу**를 쓴다.

현재진행(서술형)	현재진행(의문형)
-ж/-ч байна -즈/츠 밴	-ж/-ч байна уу? -즈/츠 밴 오?

 – 선생님이 질문하고 있습니다. **Багш асууж байна.** 박쉬 아소-즈 밴.
– 제가 대답하고 있습니다. **Би хариулж байна.** 비 해롤즈 밴.

질문하다 асуух 아소-흐, **대답하다 хариулах** 해롤라흐

53

현재진행(부정형)	현재진행(부정의문문)
– (동사원형) x гүй байна. 흐귀 밴.	– xгүй байна уу? 흐귀 밴오?
– (동사어간) aaгүй байна. 아귀 밴.	– aaгүй байна уу? 아귀 밴오?

예 저는 책을 읽고 있지 않습니다.

Би ном уншихгүй байна. 비 넘 온쉬흐귀 밴.

Би ном уншаагүй байна. 비 넘 온샤귀 밴.

읽다 унших 온쉬흐

예 도르지는 학교에 가지 않고 있는 겁니까?

Дорж сургуульдаа явахгүй байна уу?
도르지 소르고올다 야와흐귀 밴오?

학교에 가다 сургуульд явах 소르고올드 야와흐

연습하기

🔄 다음 문장을 몽골어로 말해보자.

1. 괜찮으세요? _____

2. 무서워요. _____

3. 미안합니다. _____

4. 감사합니다. _____

5. 1층에 있어요. _____

몽골의 국경일(축제)

날짜	휴일 이름	몽골어
1월 1일	신질(새해)	Шинэ жил
음력 1월 1일~1월 3일	차강사르(음력 새해)	Цагаан сар
3월 8일	세계 여성의 날	Олон улсын эмэгтэйчүүдийн баяр
6월 1일	모자의 날(어린이날)	Эх үрсийн баяр(Хүүхдийн баяр)
7월 11일~7월 13일	나담&인민혁명일	Наадам & Ардын хувьсгалын баяр
11월 26일	독립기념일(몽골국가선포일)	Улс тунхагласны баяр

차강사르 Цагаан сар 차가앙 사르

한국의 설날과 비슷하며, 한국과 몽골은 설날을 대부분 같은 날에 지내지만, 몽골의 경우 음력 방식에 따라 한 달 전이나 한 달 뒤에 할 때도 있다.

세계 여성의 날
Олон улсын эмэгтэйчүүдийн баяр 얼렁 올싱 에멕테추-딩 바야르

이날은 여성을 위한 날로 남편이 부인을 위해 음식을 직접 만들어 대접하기도 하고 맛있는 식당에 가거나 선물을 주기도 한다. 연인의 경우 남자 친구가 여자 친구에게 꽃이나 초콜릿을 선물하며 축하해준다. 여성의 날의 분위기는 한국의 '화이트데이'와 비슷하지만 몽골에서는 여성의 날이 법정 공휴일이다.

모자의 날 Эх үрсийн баяр 에흐 우르싱 바야르

어린이날(хүүхдийн баяр 후흐딩 바야르)로 불리는 법정 공휴일로 이날은 온 가족이 함께 가까운 공원으로 나들이를 가거나 어린이를 위해 평소에 잘 가지 않는 레스토랑에 가서 맛있는 음식을 먹는다. 예전에는 3월 8일이 어머니의 날, 6월 1일이 어린이의 날이었는데, 지금은 3월 8일은 세계 여성의 날, 6월 1일은 모자(어머니와 어린이)의 날이 되었다.

나담 Наадам 나-담 &
인민혁명일 Ардын хувьсгалын баяр 아르딩 호위스갈링 바야르

7월 11일부터 13일까지 3일간은 법정 공휴일로 인민혁명일인 동시에 나담 축제 기간이기도 하다. 인민혁명일은 근대 영웅으로 칭송받고 있는 수흐바타르 장군이 300년 동안 중국 지배로부터 벗어나 독립을 선언한 것을 기념하는 날이다. 수흐바타르 장군은 1921년 7월 11일 러시아의 지원과 인민혁명을 통해 독립을 쟁취하며 입헌군주국을 선언하였다.

독립기념일 Улс тунхагласны баяр 올스 툰하글사니- 바야르

1912년 청나라가 몰락한 뒤, 몽골의 군주들은 러시아의 지원을 받아 중국에 대한 몽골의 독립을 선언했다. 1917년 러시아의 제정이 무너지자 몽골은 다시 중국의 지배를 받게 되었지만, 러시아 내전 때인 1920년에 벨로루시군 5,000명이 몽골을 침략했고 1921년에는 중국인들마저 몰아냈다. 1924년 11월 26일 몽골 인민공화국이 정식으로 선포되었으며, 이날 몽골에서는 국가적으로 큰 기념행사를 한다.

05 | 제5과 어더- 착 헤드 벌즈 밴?
Одоо цаг хэд болж байна?
지금 몇 시예요?

대화

택시 안에서 **Таксинд**
탁시인드

Южин
유진:
절러-처-, 어더- 착 헤드 벌즈 밴?
Жолооч оо, одоо цаг хэд болж байна?
기사님, 지금 몇 시예요?

Жолооч
택시기사:
아르왕 착 고칭 미노트 벌즈 밴.
Арван цаг гучин минут болж байна.
10시 30분입니다.

Южин
유진:
아르왕 허여르 착트 훕스골 야와흐 엉거천드 소-흐 요스태 윰아-. 투르겡 야와-드 우고-레-.
12 цагт Хөвсгөл явах онгоцонд суух ёстой юмаа. Түргэн яваад өгөөрэй.
12시에 출발하는 홉스골행 비행기를 타야 해요. 서둘러주세요.

Жолооч
택시기사:
티임우? 어일러글러. 아르왕 착 도칭 타왕 미노탄드 어치즈 차다흐 바-하.
Тийм үү? Ойлголоо. Арван цаг дөчин таван минутанд очиж чадах байх аа.
그래요? 알겠습니다. 10시 45분에는 도착할 수 있을 것 같아요.

Южин
유진:
아쉬구이데-.
Ашгүй дээ.
휴…… 다행이네요.

Жолооч
택시기사:
아얄하-르 야우즈 밴오?
Аялахаар явж байна уу?
관광 오신 거예요?

Южин
유진:
티임에. 고르왕 슈느 두루웅 우드르 벌른.
Тийм ээ. 3 шөнө 4 өдөр болно.
네, 3박 4일 있을 예정이에요.

Жолооч
택시기사:
차기익 새항 웅그룰레-레-.
Цагийг сайхан өнгөрүүлээрэй.
좋은 시간 보내세요.

■ 숫자 읽기

1	Нэг 넉	10	Арав 아로우	100	Зуу 조-
2	Хоёр 허여르	20	Хорь 허르	1,000	Мянга 먕가
3	Гурав 고로우	30	Гуч 고치	10,000	Арван мянга 아르왕 먕가
4	Дөрөв 두루우	40	Дөч 도치	100,000	Зуун мянга 조웅 먕가
5	Тав 타우	50	Тавь 태위	1,000,000	Сая 사이
6	Зургаа 조르가	60	Жар 자르		
7	Долоо 덜러	70	Дал 달		
8	Найм 내앰	80	Ная 나이		
9	Ес 유스	90	Ер 이르		

■ 시간 읽기

- 몇 시예요? **Цаг хэд болж байна?** 착 헤드 벌즈 밴?,
  Цаг хэд вэ? 착 헤드 왜?
- 시: **цаг** 착
- 분: **минут** 미노트

8시	**Найм** 내앰
10시 30분	**Арав хагас** 아로우 하가스/**Арав гуч** 아로우 고치 (**Арван цаг гучин минут** 아르왕 착 고칭 미노트)
12시 25분	**Арван хоёр хорин тав** 아르왕 허여르 허링 타우
5시 40분	**Тав дөч** 타우 도치
7시 23분	**Долоо хорин гурав** 덜러 허링 고로우
10시 50분	**Арав тавь** 아로우 태위
13시(오후 1시)	**Арван гурван цаг** 아르왕 고로웅 착 **Өдрийн нэг цаг** 우드링 넉 착
20시(저녁 8시)	**Хорин цаг** 허링 착 **Оройны найм** 어레니 내앰

■ 시간 표현

- 늦었어요. **Оройтчихлоо.** 어레터치흘러-.

- 빨리 오세요. **Хурдан ирээрэй.** 호르당 이레-레.

- 몇 시에 만날까요? **Хэдэн цагт уулзах уу?** 헤뎅 착트 오올자호?

- 30분 후에 만나요. **Гучин минутын дараа уулзая.**
  고칭 미노팅 다라- 오올지.

- 한 시간 정도 늦을 것 같아요.
  Нэг цаг хоцорч очих юм шиг байна.
  넥 착 허처르치 어치흐 욤 식 밴.

- 몇 시까지 오실 수 있어요?
  Хэдэн цагт ирэх боломжтой вэ?
  헤뎅 착트 이레흐 벌럼즈테 왜?

- 보통 몇 시에 일어나세요? **Хэдэн цагт босдог вэ?**
  헤뎅 착트 버스득 왜?

- 7시 45분쯤 갈게요.
  Долоон цаг дөчин таван минут орчимд очъё.
  덜렁 착 도칭 타왕 미노트 어르침드 어치.

- 좀 일찍 오실 수 있으세요?
  Жоохон эрт ирэх боломжтой юу?
  저-헝 에르트 이레흐 벌럼즈테 유?

- 여기서 공항까지 몇 분 걸리죠?
  Эндээс нисэх буудал хүртэл хэдэн минут явах
  вэ? 엔데-스 니세흐 보-달 후르텔 헤뎅 미노트 야와흐 왜?

단어

시계, 시	цаг	착	몇	хэд	헤드
분	минут	미노트	지금	одоо	어더-
되다	болох	벌러흐	가다	явах, очих	야와흐, 어치흐
비행기	онгоц	엉거츠	타다, 앉다	суух	소-흐
~해야 한다	ёстой	요스태	빨리	түргэн, хурдан	투르겡, 호르당
주다	өгөх	우고흐	~할 수 있다	чадах	차다흐
잘됐다, 다행이다	ашгүй	아쉬구	여행하다	аялах	아일라흐
여행	аялал	아이랄	밤	шөнө	슌
일, 낮	өдөр	우드르	좋은	сайхан	새항
늦다	оройтох	어레터흐	공항	нисэх буудал	니세흐 보-달

문법과 활용

➡ 과거시제(서술형, 의문형, 부정형)

■ 과거시제

동사 어간 + сан/сэн/сон/сөн 쌍

과거시제(서술형)	과거시제(의문형)	과거시제(부정형)
- сан 쌍	- сан уу(үү) 쌍오/우	-аагүй- 아귀

예 가다 явах 야와흐

а, у, я + сан – 갔어요 явсан 야우쌍 / 갔어요? явсан уу? 아우쓴오?
/ 안 갔어요 яваагүй 야와귀

예 오다 ирэх 이레흐

э, и, ү + сэн - 왔어요 ирсэн 이르쌍 / 왔어요? ирсэн үү 이르쓴우?
/ 안 왔어요 ирээгүй 이레-귀

예 들어가다/들어오다 орох 어러흐

о + сон - 들어갔어요 орсон 어르쌍 / 들어왔어요? орсон уу 어르쓴오?
/ 안 들어왔어요 ороогүй 어러-귀

예	주다 өгөх 우고흐 ө + сөн - 줬어요 өгсөн 우고쑝 / 줬어요? өгсөн үү 우고쓴우? / 안 줬어요 өгөөгүй 우고-귀

시간(T)	예
어제 өчигдөр 우칙드르 그저께 уржигдар 오르직다르	어제 뭐 했어요? Өчигдөр юу хийсэн бэ? 우칙드르 요 히-쓩 배?
지난 өнгөрсөн 운구르쓩 주 долоо хоног 덜러-허넉 월 сар 사르 년 жил 질	저는 지난주에 아팠어요. Би өнгөрсөн долоо хоногт өвдсөн. 비 운구르쓩 덜러- 허넉트 오우드쓩.

연습하기

 알맞은 것을 서로 연결해보자.

A. **Арван гурван цаг болж байна.** •
아르왕 고로웅 착 벌즈 밴.

• a. 9시가 지나고 있습니다.

B. **Нэг цаг хорин минут болж байна.** •
넥 착 허링 미누트 벌즈 밴.

• b. 12시 25분입니다.

C. **Есөн цаг өнгөрч байна.** •
유승 착 웅그르츠 밴.

• c. 1시 20분입니다.

D. **Арван хоёр хорин тав.** •
아르왕 허여르 허링 타우.

• d. 오후 1시입니다.

관광명소

수흐바타르 광장 Сүхбаатарын талбай 수흐바타링 탈배

수흐바타르 광장은 울란바토르의 중앙에 위치하여 국회의사당, 문화궁전, 중앙우체국, 국립오페라하우스, 국립역사박물관 등 몽골의 주요 시설이 모여 있는 울란바토르의 심장이라고 할 수 있는 곳이다. 수흐바타르 광장은 1921년 몽골 독립의 영웅 담디니 수흐바타르가 중국으로부터 독립을 최종적으로 선언한 곳으로 그의 이름을 붙여 수흐바타르 광장이라고 불리게 되었으며, 현재 광장의 한가운데에 수흐바타르 동상이 서 있다. 1989년의 민주화 운동도 이곳에서 일어났으며, 이 운동으로 몽골의 사회주의가 몰락하였다.

테를지 국립공원 Тэрэлж 테를지

몽골의 수도 울란바토르에서 동쪽으로 50~70킬로미터 떨어진 헨티 산맥 산기슭에 위치한 몽골 최고의 휴양지로 울란바토르에서 자동차로 1시간 30분이 걸린다. 수도와 가까워 사람들이 방문하기 좋은 위치에 있다.

테를지는 1년 내내 개방하는 국립공원으로 산으로 둘러싸인 계곡과 기암괴석, 숲, 초원이 조화롭게 어우러져 장관을 이룬다. 여름에는 에델바이스와 야생화가 만발하고 자연에서 즐기는 승마가 인상적이며 가을에는 단풍 경치가 아름답다. 눈이 많이 오는 겨울에는 스키장에 따로 가지 않고도 썰매만 있으면 이곳에서 재미있게 놀 수 있다.

테를지 주변에는 게르(전통집), 캠프, 호텔 등 숙박시설이 많이 있기 때문에 관광객들이 편하게 시간을 보낼 수 있다. 삶에서 잠시 쉬었다 가고 싶을 때 게르에서 잠시 머물며 말타기, 활쏘기 체험을 해보면 어떨까? 분명 우리의 인생을 더욱 풍요롭게 해줄 것이다.

홉스골 호수 Хөвсгөл 홉스굴

수도 울란바토르에서 북서쪽으로 소형 버스로 18시간 정도 가야 하는 위치에 있으며, 홉스골 아이막의 무릉에서도 홉스골 호수 입구인 하트갈까지 가려면 다시 한두 시간 더 택시를 타고 이동해야 한다. 홉스골은 바다가 없는 몽골에서는 바다와 같다. 수평선이 보이는 홉스골은 7월 초에 가도 호수에 군데군데 얼음이 있을 정도로 선선하므로 여름에 가더라도 가벼운 외투는 꼭 챙겨 가는 것이 좋다.

세계에서 가장 깊고 물이 맑은 호수로 동양의 알프스라고 불린다. 여름에는 유람선을 타거나 호수 주변에서 승마를 즐길 수도 있다. 한겨울에는 영하 40도까지 내려갈 정도로 혹한이지만, 1미터도 넘는 두께의 얼음을 깨고 낚시를 하는 특별한 경험을 할 수 있고, 끝없이 넓게 펼쳐진 호수에서 스케이트나 썰매를 탈 수도 있다.원시림에 싸여 있던 홉스골 호수는 공개된 지 얼마 되지 않아 청정 무공해의 자연을 그대로 간직하고 있다. 아침 어스름한 새벽안개 속의 호수와 노을 속의 호수는 신비로울 정도로 아름답다.

칭기즈칸 기마상 Чингис хааны хөшөө 칭기스 하안니 후셔-

테를지 국립공원 내 '천진벌덕 (Цонжин болдог 천진벌덕)' 지역에 높이는 40미터의 칭기즈칸 동상이 있다. 2010년 몽골제국 800주년을 기념해 스테인리스 스틸로 칭기즈칸 기마상(건물 10미터, 기마상 40미터)을 만들었다고 한다. 칭기즈칸이 전투를 마치고 돌아오는 길에 이곳에서 황금 채찍을 주운 이후부터 몽골에서는 남자들이 채찍을 줍는 것을 큰 복이라고 여긴다.

박물관 건물 안으로 들어가면 세계에서 가장 큰 소가죽으로 만든 신발과 칭기즈칸의 말 채찍 모형, 갑옷, 투구 등을 관람할 수 있으며, 전통 옷을 입고 기념사진을 찍을 수도 있다. (입장료: 7,000투그릭)

자이승 승전탑 Зайсан 자이산

1939년 몽·소 연합군과 일본군 간에 벌어진 할흐강 전투에서의 승리와 제2차 세계대전에 참전한 구소련군을 기념하기 위해 1945년에 조성된 기념탑으로 울란바토르 시내 전경과 톨강 주변의 자연경관을 한눈에 내려다볼 수 있으며, 특히 울란바토르의 야경을 보기에 단연 최적의 장소이다.

자이승 승전탑에 할흐강 전투 시 일본군을 격퇴한 내용이 담긴 조형물이 존재한다. 시내의 남쪽에 위치하며, 정부청사에서 차량으로 10분 거리에 있다.

06 | 제6과

함기잉 텀 운데스니– 바야르 헤제– 왜?

Хамгийн том үндэсний баяр хэзээ вэ?
가장 큰 명절이 언제인가요?

대화

사원에서 **Хийдэд** 히-데드

Южин
유진:

푸-흐, 우네헤-르 훙 이흐 밴 슈.

Пөөх, үнэхээр хүн их байна шүү.

와우, 사람들이 정말 많네요.

Бат
바트:

하가스 부텡 생 우드르 후무-스 무르구후-르 이흐 이르득.

Хагас бүтэн сайн өдөр хүмүүс мөргөхөөр их ирдэг.

토요일과 일요일에는 사람들이 절을 하기 위해 항상 많이 와요.

Южин
유진:

아앙…… 티무. 언츠거이 우드르 게즈 버들러.

Аан······ Тийм үү? Онцгой өдөр гэж бодлоо.

아…… 그렇군요. 특별한 날인 줄 알았어요.

Бат
바트:

차강 사라-르 부르 이흐 훙 초글득.

Цагаан сараар бүр их хүн цугладаг.

'차강사르' 때는 더 많은 사람들이 모여요.

Южин

유진:

티무. 멍걸링 함깅 텀 운데스니- 바야르 '차강 사르' 이레흐 덜러- 허넉트 벌른 게즈 선스 쏭 요마, 약 헤제- 왜?

Тийм үү? Монголын хамгийн том үндэсний баяр 'Цагаан сар' ирэх долоо хоногт болно гэж сонссон юм аа, яг хэзээ вэ?

그렇군요. 몽골의 가장 큰 명절인 '차강사르' 가 다음 주라고 들었는데, 정확히 언제죠?

Бат

바트:

차강- 사르 허여르 사링 아르왕 조르강드 타우 다흐 우드르 에흘른.

Цагаан сар 2сарын 16нд тав дахь өдөр эхлэнэ.

차강사르는 2월 16일 금요일에 시작돼요.

Южин

유진:

운데스니- 바야링 토스가이 여슬럴 벌렁 허얼 비- 유?

Үндэсний баярын тусгай ёслол болон хоол бий юу?

명절에 하는 특별한 의식이나 음식이 있나요?

Бат

바트:

티메, 고로왕 우드르 게르 불, 하마-탕 아흐 두-스 초글랑 벨렉 설릴천, 허얼렁거- 터글럼 터글러즈 착익- 새항 운그르-득.

Тийм ээ, 3 өдөр гэр бүл, хамаатан ах дүүс цуглан бэлэг солилцоно, хооллонгоо тоглоом тоглож цагийг сайхан өнгөрөөдөг.

네, 3일간 가족과 친척이 모여 선물을 주고받고 음식을 나누어 먹으며 전통놀이를 하면서 좋은 시간을 보내요.

■ 요일 말하기

오늘이 무슨 요일이에요?

Өнөөдөр ямар гариг вэ? 우노드르 야마르 가릭 왜?

요일	공식적인 표현	일상적인 표현	뜻
월	Даваа 다와-	1 дэхь өдөр 넥 데흐 우드르	첫 번째 날
화	Мягмар 먁마르	2 дахь өдөр 허여르 다흐 우드르	두 번째 날
수	Лхагва 라욱	3 дахь өдөр 고로우 다흐 우드르	세 번째 날
목	Пүрэв 푸릅	4 дэхь өдөр 두루우 데흐 우드르	네 번째 날
금	Баасан 바-상	5 дахь өдөр 타우 다흐 우드르	다섯 번째 날
토	Бямба 뱜바	Хагас сайн өдөр 하가스 생 우드르	반(半) 좋은 날
일	Ням 냠	Бүтэн сайн өдөр 부텡 생 우드르	전부 좋은 날

영어로 표기할 때 줄여서 표기하듯이, 달력이나 문서 등에 요일을 표기할 때 아래와 같이 줄여서 표기하기도 한다.

월	화	수	목	금	토	일
Да	Мя	Лх	Пү	Ба	Бя	Ня

- 금요일에 만나요. **Тав дахь өдөр уулзая.** 타우 다흐 우드르 올자.
- 휴일에 무엇을 하실 거예요?
  Амралтын өдрөөр юу хийх вэ? 아므랄팅 우드루-르 요 히흐?
- 당신의 생일이 언제인가요?
  Таны төрсөн өдөр хэзээ вэ? 타니 투르승 우드르 헤제- 왜?
- 토요일입니다. **Хагас сайн өдөр.** 하가스 생 우드르.
- 제 생일은 2월 6일입니다.
  Би 2 дугаар сарын 6 ны өдөр төрсөн.
  비 허여르 도가-르 사링 조르가-니- 우드르 투르승.
- 생일 축하합니다.
  Төрсөн өдрийн баярын мэнд хүргэе.
  투르승 우드리잉 바야링 멘드 후르기.

65

년	жил	질	명절, 축제, 축하	баяр	바야르
월, 달	сар	사르	새해	шинэ жил	신 질
일	өдөр	우드르	작년	өнгөрсөн жил, ноднин	운구르쏭 질, 너드닝
무슨, 어떤	ямар	야마르	올해	энэ жил	엔 질
요일	гариг	가릭	내년	ирэх жил, дараа жил	이레흐 질, 다라- 질
주	долоо хоног	덜러- 허녁	생일	төрсөн өдөр	투르승 우드르
어제	өчигдөр	우칙드르	결혼	хурим	호름
오늘	өнөөдөр	우노드르	초대하다	урих	오리흐
내일	маргааш	마르가쉬	초청장	урилга	오릴락
휴일	амралтын өдөр	아므랄팅 우드르	안부	мэнд	멘드
가장	хамгийн	함기잉	토대, 근본	үндэс	운데스

문법과 활용

▶ 미래시제(서술형, 의문형, 부정형)

■ 미래시제

동사 어간 + на/нэ/но/нө 인

미래시제(서술형)	미래시제(의문형)	미래시제(부정형)
-на 인	-х уу(үү) -흐오/우	-х гүй -흐 귀

66

예 가다 явах 야와흐

а, у, я + на - 갈게요 явна 야운 / 갈래요? явах уу 야호?
/ 안 갈래요 явахгүй 야와흐귀

예 오다 ирэх 이레흐

э, и, ү + нэ - 올게요 ирнэ 이른 / 올래요? ирэх үү 이르후?
/ 안 올 거예요 ирэхгүй 이르흐귀

예 들어가다/들어오다 орох 어러흐

о + но - 늘어갈게요 орно 어른 / 들어올래요? орох уу 어러호?
/ 안 들어갈래요 орохгүй 어러흐귀

예 주다 өгөх 우고흐

ө + нө - 줄게요 өгнө 우군 / 줄래요? өгөх үү 우고후?
/ 안 줄 거예요 өгөхгүй 우고흐귀

연습하기

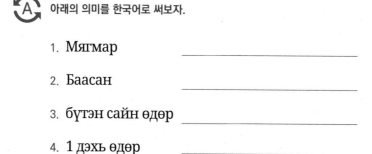

아래의 의미를 한국어로 써보자.

1. Мягмар   _____

2. Баасан   _____

3. бүтэн сайн өдөр   _____

4. 1 дэхь өдөр   _____

차강사르 Цагаан сар

차강사르는 '하얀 달'이라는 뜻의 법정 공휴일로 나담 연휴와 함께 몽골의 2대 명절 중 하나이다. 우리나라의 음력 1월 1일과 같으며 3일까지 연휴이다. 몽골에서는 하얀색을 성스럽게 생각하는데, 차강사르는 '하얀'이라는 이름이 붙은 날로 그만큼 성스럽고 중요한 날이다.

차강사르 연휴 동안에는 주변 어른들의 집에 찾아가서 새해 인사를 하며 돈을 드리는 풍습이 있다. 하득(Хадаг)이라고 불리는 파란색 천을 들고 아랫사람은 아래를 잡고 윗사람은 위를 잡은 뒤 양 볼에 뽀뽀를 하며 "편안하신가요? Амар байна уу? 아므르 배노"라고 인사한다. 길에서 만났을 때에는 "음력 새해 인사를 드립니다 Сар шинийн мэнд хүргэе 사르 시닝 멘드 후르기"라고 인사한다. 가장 흔한 인사말은 "좋은 새해 보내세요 Сайхан шинэлээрэй 새흥 신레래"이다.

손님이 처음 오면 모자를 쓴 채로 서로의 팔을 위아래로 잡고 인사를 한 다음, 옥으로 만든 작은 병에 담긴 코담배 가루를 손으로 주고받으면서 코로 흡입하거나 흡입하는 흉내를 내며 상대방의 호의에 감사를 표한다.

차강사르 기간에는 집 내부의 중앙에 홀수 층으로 과자를 쌓고 그 옆에 '통째로 삶은 양고기 Ууц 오츠'를 올려둔 뒤 인사하러 온 손님에게 대접한다. 홀수 층으로 쌓아 올린 '과자 Ул боов 올버우' 위에는 우유로 만든 '아롤 Ааруул 아-로올'이나 각설탕 등을 올려놓는다. 또한 손님들이 올 때마다 미리 준비해둔 몽골식 만두 '보쯔 Бууз'와 우유차인 '수태차 Сүүтэй цай', 말젖으로 만든 마유주인 '애-락 Айраг' 등을 함께 나누어 먹으며 이야기를 나눈다.

차강사르에는 '샤가이 Шагай'라는 전통 놀이를 한다. 샤가이는 양의 목말뼈(복사뼈의 일부)라는 뜻으로 양고기를 먹다가 나온 목말뼈를 가지고 놀던 것에서 비롯되었다. 샤가이의 네 면은 말, 양, 염소, 낙타를 나타낸다.

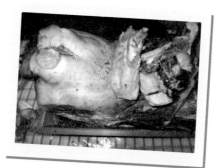

◀ Ууц 오츠

07 | 제4과

엔 야마르 운테- 왜?
Энэ ямар үнэтэй вэ?
이거 얼마예요?

대화

Южин
유진:

엔 야마르 네르테 짐스 왜?
Энэ ямар нэртэй жимс вэ?
이 과일의 이름이 뭐예요?

Сүх
수흐:

차차르강 게덱. 설렁거스트 배흐귀유?
Чацаргана гэдэг. Солонгост байхгүй юу?
차차르강이라고 합니다. 한국에는 없나요?

Южин
유진:

티메. 이드즈 우제-귀. 엔 야마르 운테- 왜?
Тийм ээ. Идэж үзээгүй. Энэ ямар үнэтэй вэ?
네. 안 먹어봤어요. 이것은 얼마예요?

Сүх
수흐:

넥 킬러그람 느 타왕 망강 투그릭. 타왕 조옹 그라마-르 치 자르닥.
Нэг килограм нь таван мянган төгрөг.
Таван зуун грамаар ч зардаг.
1킬로에 5,000투그릭이에요. 500그램씩 팔기도 해요.

Южин
유진:

테그웰 알림 야마르 운테 - 왜?
Тэгвэл алим ямар үнэтэй вэ?
그럼 사과는 얼마인가요?

Сүх
수흐:

넥 킬러그람 느 허여르 망강 투그릭.
Нэг килограм нь хоёр мянган төгрөг.
1킬로에 2,000투그릭이에요.

Южин
유진:

알림 허여르 킬러그라미익 아위. 엔 타왕 망강 투그릭.
Алим хоёр килограмыг авъя.
Энэ таван мянган төгрөг.
사과 2킬로 주세요. 여기 5,000투그릭입니다.

Сүх
수흐:

자, 해롤트 망강 투그르거- 아와래.
За, хариулт мянган төгрөгөө аваарай.
네, 잔돈 1,000투그릭 받으세요.

■ 물건 사기

- 얼마예요? **Ямар үнэтэй вэ?** 야마르 운테- 왜?

  Хэд вэ? 헤드 왜?

- 모두 합쳐서 얼마예요? **Нийлээд хэд вэ?** 니일레-드 헤드 왜?
- 깎아주세요. **Хямдруулаад өгөөч.** 햠드롤라-드 우거-치.

  Хямдрах уу? 햠드라호?

- 비싸요./싸요. **Үнэтэй байна.** 운테- 밴.

  Хямдхан байна. 햠트항 밴.

- 보여주세요. **Үзүүлээч.** 우주울레-치.
- 잔돈 있나요? **Задгай мөнгө байна уу?** 자드가이 뭉그 밴오?
- 잔돈으로 바꿔주실 수 있나요? **Энийг задлах уу?** 이니익 자들라호?
- 돈 좀 바꿔주세요. **Мөнгө солиод өгөөч.** 몽그 설리어-드 우거-치.

단어

이(것)	энэ	엔	가격	үнэ	운
그(것), 저(것)	тэр	테르	사과	алим	알림
무엇	юу	요	팔다	зарах	자라흐
무엇, 어떤	ямар	야마르	사다	авах	아와흐
이름	нэр	네르	비싸다	үнэтэй	운테-
과일	жимс	짐스	싸다	хямдхан	햠트항
의문사	вэ	왜	할인하다	хямдруулах	햠드로올라흐
먹다	идэх	이드흐	보여주다	үзүүлэх	우줄르흐
보다	үзэх	우즈흐	잔돈	хариулт, задгай мөнгө	해롤트 뭉그, 자드가이 뭉그
먹어보다	идэж үзэх	이드즈 우즈흐	바꾸다, 교환하다	солих	설리흐

70

접속사

몽골어에는 다음과 같은 접속사가 많이 쓰인다.

뜻	접속사	예
그러나, 하지만, 그런데	**гэвч** 겝츠 **гэхдээ** 게흐데 **харин** 해릉 **гэтэл** 게텔	이 바지를 사고 싶어요. 하지만 돈이 부족해요. **Энэ өмдийг авмаар байна. Гэвч мөнгө дутаж байна.** 엔 움딕 아우마르 밴. 겝츠 뭉그 도타즈 밴.
그래서, 그리고	**тэгээд** 테게-드 **болон** 벌렁	어제 동생이랑 저녁을 먹었어요. 그리고 함께 영화를 봤어요. **Өчигдөр дүүтэй оройн хоол идсэн.** **Тэгээд хамт кино үзсэн.** 우칙드르 두-테 어렝 허얼 이드씅. 테게-드 함트 키노 우즈씅.
그러면	**тэгвэл** 테그웰	바트가 당신에게 얘기하지 않았어요? 그러면 제가 얘기해줄게요. **Бат тань руу яриагүй юү?** **Тэгвэл би өөрөө ярьж өгье.** 바트 탄 로- 얘래귀유? 테그웰 비 으-러- 얘르즈 우기.
그랬더니	**тэгсэн чинь** 텍승 친	오빠를 만났어요. 그랬더니 저에게 이것을 주었어요. **Ахтай уулзсан.** **Тэгсэн чинь надад үүнийг өгсөн.** 아흐태- 올즈씅. 텍승 친 나다드 우니익 우고승.
그래서, 그러니까	**тийм учраас** 티임 오치라스	내일은 친구 생일이에요. 그래서 선물을 사야 해요. **Маргааш найзын төрсөн өдөр.** **Тийм учраас бэлэг авах ёстой.** 마르가쉬 내즌 투르승 우드르. 티임 오치라스 벨렉 아와흐 요스태.

아래의 단어를 활용하여 문장을 완성해보자.

1. 사과는 얼마예요?

үнэтэй, ямар, алим, вэ.

운테-, 야마르, 알림, 왜.

_____

2. 2,000투그릭입니다.

төгрөг, хоёр мянган.

투그릭, 허여르 망강.

_____

3. 과일의 이름이 뭐예요?

жимс, нэртэй, вэ, ямар.

짐스, 네르테-, 왜, 야마르.

_____

4. 이것은 비싸요.

энэ, байна, үнэтэй.

엔, 밴, 운테-.

_____

몽골 울란바토르에 있는 재래시장 зах ^{자흐}

나란톨 (Нарантуул) 시장

몽골에서 가장 큰 시장은 울란바토르시의 13구역에 있는 나란톨(Нарантуул 나랑 토올) 시장이다. 이 시장은 식품, 생활용품, 옷, 원단, 기념품, 자동차 부속품 등 여러 품 목별로 나뉘어 있고 중고용품도 많이 판다. 이곳에는 외국인을 노리는 소매치기가 많기 때문에 소매치기를 당하지 않게 특별히 주의해야 한다.

미르꾸리(Меркури) 시장

시내 중심가에 있는 시장으로 국영 백화점에서 남쪽으로 내려오면 서울의 거리가 있고, 그 서울의 거리 남쪽 뒤쪽에 미르꾸리 시장이 있다. 울란바토르에서 한국 사람들이 편 안하게 쇼핑할 수 있는 시장이다. 시장에는 한국에서 만든 용품이나 한국 식품을 판매 하고 있고, 시장 옆에는 한국인들이 운영하는 식당이 많이 있다. 몽골에 사는 한국인이 많이 방문하는 곳이다.

바르스(Барс) 시장

바르스 시장은 시내에 있는 다른 시장에 비해 물건 값이 가장 저렴하다. 대개 식료품 위 주로 판매하는데, 특히 과일, 채소류가 저렴하기로 유명하다. 몽골의 시장에는 길거리 음식이 없다. 길거리 음식을 먹기 위해 방문한다면 실망할 수 있으므로 길거리 음식은 기대하지 않는 게 좋다.

08 제8과 이흐 운테- 욤
Их үнэтэй юм
너무 비싸요

대화

Южин
유진:

멍걸 운데스니- 홉차스 아우마-르 밴.

Монгол үндэсний хувцас авмаар байна.

몽골의 전통 의상을 사고 싶어요.

Сүх
수흐:

테그웰 엔데-스 선거-레. 벨렝 어여성 델 배덕 치 자히알즈 히일게흐 느 이흐 배득.

Тэгвэл эндээс сонгоорой. Бэлэн оёсон дээл байдаг ч захиалж хийлгэх нь их байдаг.

그럼, 여기서 골라보세요. 델은 기성복도 있지만 맞춤옷으로도 많이 해요.

Южин
유진:

티무? 나다드 엔 다-오- 타일락다즈 밴. 야마르 운테 왜?

Тиймүү? Надад энэ даавуу таалагдаж байна. Ямар үнэтэй вэ?

그래요? 저는 이 옷감이 마음에 들어요. 천은 얼마예요?

Сүх
수흐:

넥 미트르 느 고로왕 망그 타왕 조옹 투그릭.

Нэг метр нь гурван мянга таван зуун төгрөг.

1미터에 3,500투그릭입니다.

Южин
유진:

운테 욤아-. 햠드라호?

Үнэтэй юм аа. Хямдрах уу ?

비싸네요. 깎아주시겠어요?

Сүх
수흐:

햠드항 자르즈 배가- 욤아.

Хямдхан зарж байгаа юм аа.

싸게 파는 거예요.

Южин
유진:

텍셍 치 저-헝 보올가치흘다-. 어여들링 운 느 헤드 왜?

Тэгсэн ч жоохон буулгачих л даа. Оёдлын үнэ нь хэд вэ?

그래도 조금만 깎아주세요. 맞춤 비용은 얼마예요?

Сүх
수흐:

자그와라-사- 샬트가알즈 운 느 우-르 배득. 태위아스 자랑 망강 투그릭 어르침 벌러흐 배흐.

Загвараасаа шалтгаалж үнэ нь өөр байдаг. Тавиас жаран мянган төгрөг орчим болох байх.

디자인에 따라서 가격이 달라요. 보통 50,000~60,000투그릭 정도 합니다.

- 이것이 제 마음에 들어요. **Энэ надад таалагдаж байна.**
  엔 나다드 타알락다즈 밴.
- 이것이 저에게 어울려요. 이것이 저에게 잘 맞네요.

  Энэ надад зохиж байна. 엔 나다드 저히즈 밴.
- 이것은 제 마음에 들지 않아요.

  Энэ надад таалагдахгүй байна. 엔 나다드 타알락다흐귀 밴.
- 이것은 저에게 어울리지 않아요. 이것은 저에게 맞지 않아요.

  Энэ надад зохихгүй байна. 엔 나다드 저히흐귀 밴.
- 이것은 저에게 큽니다. **Энэ надад томдож байна.**
  엔 나다드 텀더즈 밴.
- 이것은 저에게 작습니다. **Энэ надад багадаж байна.**
  엔 나다드 박다즈 밴.
- 좋아하다. **Дуртай.** 도르태-.
- 좋아하지 않다. **Дургүй.** 도르귀.
- 전부 얼마예요? **Нийлээд хэд вэ?** 니일레드 헤드 왜?
- 하나에 얼마예요? **Дангаараа хэд вэ?** 당가-라- 헤드 왜?

단어

옷	хувцас	홉차스	비싼	үнэтэй	운테-
기성복	бэлэн хувцас	벨렝 홉차스	값이 싼	хямд, хямдхан	함드, 햠드항
맞춤복	Захиалгын хувцас	자히알깅 홉차스	가격	үнэ	운
사다	авах	아와흐	모양, 디자인, 샘플	загвар	자그와르
고르다	сонгох	선거흐	얼마예요?	ямар үнэтэй вэ	야마르 운테- 왜?
세일하다	хямдрах	햠드라흐	크다	том, томдох	텀, 텀더흐
할인되다	хямдруулах	햠드롤-라흐	작다	бага, багадах	박, 박다흐
마음에 들다	таалагдах	타알락다흐	좋아하다	дуртай	도르태-
선택	сонголт	선걸트	단, 단독	дан	당

75

➡ 인칭대명사(사람을 가리키는 대명사)

	주격 (~는/은/이/가)	소유격 (~의)	목적격	
			(~을/를)	(~에게/~에)
1인칭 단수 나/저	나 **Би** 비	나의 **Миний** 미니-	나를 **Намайг** 나맥	나에게 **Надад** 나다드
2인칭 단수 너/당신	너 **Чи** 치 당신 **Та** 타	너의 **Чиний** 치니- 당신의 **Таны** 타니-	너를 **Чамайг** 차맥 당신을 **Таныг** 타닉	너에게 **Чамд** 참드 당신에게 **Танд** 탄드
3인칭 단수 그	그 **Тэр** 테르	그의 **Түүний** 투-니-	그를 **Түүнийг** 투닉	그에 **Түүнд** 툰드
1인칭 복수 우리	우리 **Бид (нар)** 비드 (나르)	우리의 **Бидний** 비드니- **Манай** 마내	우리를 **Биднийг** 비드닉 **Манайхыг** 마내힉	우리에게 **Бидэнд** 비덴드 **Манайд** 마내드
2인칭 복수 당신들	당신들 **Та нар** 타나르	당신들의 **Танай** 타내 **Та нарын** 타나링	당신들을 **Танайхыг** 타내힉 **Та нарыг** 타나릭	당신들에게 **Танайд** 타내드 **Та нарт** 타나르트
3인칭 복수 그들	그들 **Тэд нар** 테드나르	그들의 **Тэд нарын** 테드나링	그들을 **Тэд нарыг** 테드나릭	그들에게 **Тэд нарт** 테드나르트

76

연습하기

 A 알맞은 단어를 골라보자.

> Хямдрах 함드라흐   таалагдаж 타알락다즈
> хувцас 홉차스   хэд 헤드

1. Энэ надад _____ байна.
   이것은 제 마음에 들어요.

2. _____ уу ?
   깎아주시겠어요?

3. Энэ _____ том байна.
   이 옷은 큽니다.

4. Нийлээд _____ вэ?
   전부 얼마예요?

몽골의 전통 의상 Дээл 델

'дээл 델'은 몽골인의 전통 의상이며 평일이나 명절에 주로 입는다. 소매가 길고 폭이 넓은 우리나라의 두루마기와 비슷한데, 비단으로 만든 띠로 허리 부분을 묶는 한 장으로 된 길고 헐렁한 가운이다. 델은 말을 타고 활을 쏠 때 적합하고 일상생활에서 활동하기에 편리하고 품이 넉넉하다. 남성과 여성의 델은 계절에 따라 디자인이 화려하게 바뀌며 이름도 달라진다. 여름에 입는 델을 '땅델', 겨울에 입는 델을 '우스테 델'이라고 부른다. 몽골에서는 존경하고 아끼는 사람에게 '델'을 선물하는데, 천을 구하기가 어려웠던 옛날에는 옷 선물이 최고였다.

예전에는 델을 시골에서만 입었지만 요즘에는 도시 사람들도 평소에 즐겨 입는다. 명절이나 결혼식, 졸업식, 가정의 행사 등때에도 델을 착용하는 것이 일반적이다. 결혼식 때 웨딩드레스와 양복 대신 하얀 델을 만들어서 입는 사람들도 있다. 갓난아이들에게는 단추가 없는 델을 입힌다.

갓난아이들의 델을 '베리브츠'라고 부르는데, '델'을 입을 때는 꼭 허리띠가 있어야 한다. 최근에는 옷이 간소화되고 디자인이 다양해지면서 소매가 없는 델, 허리띠의 모양만 간직한 델 등이 나오기도 한다. 드레스이면서 옷깃 부분만 델의 형태를 띤 것도 있다. 전통 모자는 'малгай 말가이'라고 하며 춥고 긴 겨울을 나기 위해 야생동물의 털과 비단으로 두툼하게 만든다. 신발은 'гутал 고탈'이라고 한다.

09 제9과
바로옹 티-시 야와-래
Баруун тийш яваарай
오른쪽으로 가세요

대화

의상실에서 **Хувцас захиалгын газар**
홉차스 자히알깅 가자르

어여덜칭
Оёдолчин
재단사:

야마르 자그와라-르 히일게메-르 밴? 조락나-스 성거-레.

Ямар загвараар хийлгэмээр байна? Зурагнаас сонгоорой.

어떤 디자인을 원하시나요? 사진을 보고 고르세요.

엔 자그와르 타알락다즈 밴. 게흐데 터우치-그 느 저-헝 데-셰 하다즈 벌호?

Южин
유진:

Энэ загвар таалагдаж байна.Гэхдээ товчийг нь жоохон дээшээ хадаж болох уу?

이 디자인이 마음에 들어요. 그런데 단추를 조금 위로 달 수 있을까요?

메데-즈 벌른. 이임 배하드 벌호?

Оёдолчин
재단사:

**Мэдээж болно.
Ийм байхад болох уу?**

물론이죠. 이 정도면 될까요?

티메- 벌즈 밴.

Южин
유진:

Тийм ээ болж байна.

네, 좋아요.

움디익 느 야마르 자그와라-르 히-흐우?

Оёдолчин
재단사:

Өмдийг нь ямар загвараар хийх үү?

바지는 어떤 스타일로 할까요?

멍걸링 운데스니- 자그와라르 히-게드 우고-레.

Южин
유진:

Монголын үндэсний загвараар хийгээд өгөөрэй.

몽골의 전통 스타일로 디자인해주세요.

테그웰 에흘레-드 헴제- 아위. 바로옹 티-시 하라-드 적서-레.

Оёдолчин
재단사:

**Тэгвэл эхлээд хэмжээ авья.
Баруун тийш хараад зогсоорой.**

그럼, 먼저 치수를 재볼게요. 오른쪽을 보고 서주세요.

자, 거의 어여드 우고-레.

Южин
유진:

За, гоё оёод өгөөрэй.

네, 예쁘게 만들어주세요.

- 여기서 멉니까? **Эндээс хол уу?** 엔데-스 헐로?
- 여기서 가깝습니까? **Эндээс ойрхон уу?** 엔데-스 어이르헌 오?
- 멉니다. **Хол.** 헐.
- 가깝습니다. **Ойрхон.** 어이르헝.
- 어느 길로 가야 합니까? **Ямар замаар явах уу?** 야마르 잠아-르 야호?
- 직진하세요. **Чигээрээ яваарай.** 치게-레 야와래.
- 왼쪽으로 가세요. **Зүүн тийш яваарай.** 주웅 티-시 야와래.
- 오른쪽으로 가세요. **Баруун тийш яваарай.** 바롱 티-시 야와래.
- 유턴하세요. **Эргээрэй.** 에르게-레.
- 가리켜주세요. **Заагаад өгөөч.** 자-가-드 우거-치.
- 말해주세요. **Хэлээд өгөөч.** 헬레-드 우거-치.
- 멈추세요. **Зогсоорой.** 적서-레-.

단어

모양, 디자인, 샘플	загвар	자그와르	그림	зураг	조락
고르다	сонгох	선거흐	마음에 들다	таалагдах	타알락다흐
단추	товч	텁치	위	дээш, дээр	데-시, 데-르
달다, 박다	хадах	하다흐	아래	доош, доор	더-시, 더-르
물론, 당연히	мэдээж	메데-즈	이같이	ийм	이임
바지	өмд	움드	치수, 크기	хэмжээ	헴제-
먼저	эхлээд, эхэнд	에흘레-드, 에흔드	오른쪽	баруун тийш	바로옹 티-시
왼쪽	зүүн тийш	주웅 티-시	보다	харах	하라흐
서다, 멈추다	зогсох	적서흐	꿰매다	оёх	어여흐

80

➡ 연결동사

а, у, я	- аад	э, и, ү	- ээд
о	- оод	ө	- ѳѳд

~하고 나서 [동사 + **-аад/ээд/оод/ѳѳд**]

 예

우리는 아침에 일어났다. 아침을 먹었다.

Бид нар ѳглѳѳ боссон. Цай уусан. 비드나르 오글러 버스쓩. 채 오쓩.

우리는 아침에 일어나서 아침을 먹었다.

Бид нар ѳглѳѳ босоод цай уусан. 비드나르 오글러 버서드 채 오쓩.

※ 일어나다 **босох** 버서흐, 아침 **ѳглѳѳний цай** 오글러니 채, 마시다 **уух** 오-흐
※ 몽골 사람들은 아침에는 주로 가볍게 빵과 함께 차를 마시기 때문에 아침을 먹는다는
표현으로 '마시다'라는 동사를 사용한다.

연습하기

 주어진 문장을 몽골어로 완성해보자.

1. 오른쪽으로 가세요. _____

2. 멈추세요. _____

3. 물론이죠. _____

4. 가깝습니다. _____

나담 축제 Наадам 나-담

몽골 울란바토르에서는 매년 7월 11일부터 13일까지 3일간 몽골의 전통 축제인 '나담'이 열린다. 나담 기간에는 지역별로 말경기, 씨름, 활쏘기를 하는데, 전국적으로 경기를 한 다음 각 지역의 승자가 모여 울란바토르에서 다시 대회를 연다. 이 축제는 경쟁과 스포츠라는 의미를 지니고 있으며 진정한 남자다움을 테스트한다. 말경기, 씨름, 활쏘기 경기가 축제의 중심을 이룬다고 해서 '남자들의 세 가지 경기'라는 뜻인 '에링 고로왕 나담'이 축제의 정식 명칭이다.

[유래]
현재의 나담('play' 혹은 'rest'라는 의미)은 몽골인민혁명 정부가 사회주의 혁명을 달성한 1921년 7월 11일을 기념하기 위해 도입한 관제 행사로, 매년 7월 11부터 13일에 걸쳐 전국적으로 개최된다.(2014년부터 7월 11부터 15일로 확대되었음)
나담은 본래 종교적 의미와 군사훈련의 의미가 강했으나 오늘날에는 전국적인 축제 행사를 통한 국민 결속이라는 정치적 의미로 변화했다.

[나담의 주요 3경기]
- 활쏘기: 50미터, 70미터 등 거리에 따라 설치된 표적을 맞히는 형식으로 경기를 진행한다. 활쏘기는 군사력을 정교하게 할 목적으로 칭기즈칸 시대부터 현재까지 이어오고 있다. 남자는 75미터 거리에서 버드나무 가지와 독수리 날개로 만든 화살 40개를 쏘고, 여자는 60미터 거리에서 20개의 화살을 쏜다.
- 말경기: 2년생 말경기부터 종마 경기까지 나이에 따라 구간을 달리하여 경기를 진행한다. 말경기는 유목민들이 가장 좋아하는 경기로 초원에서 15~30킬로를 달리면서 사람과 말의 인내심을 시험한다. 경기는 말의 나이에 따라 진행되는데, 우승한 말의 머리에 마유주를 붓고 노래를 부르며 축하해준다.
- 씨름(부흐): 우리의 전통 씨름과 비슷하나 샅바가 없고 팔꿈치나 무릎이 땅에 닿아야 경기가 종료된다는 점이 차이점이다. 일본의 스모나 한국의 씨름만큼 몽골인들이 좋아하는 전통 스포츠로, 경기를 시작하기 전에 전통 씨름 복장을 한 참석자들이 준비운동으로 독수리 춤을 추며 우람한 체격을 자랑한다.
※ 머링 호르, 흐미, 나담 등은 유네스코 세계문화유산으로 등재되어 있다.

10 | 제10과 Хаанаас автобусанд сууж болох вэ?
하-나-스 아우토산드 소-즈 벌러흐 왜?
버스는 어디서 탈 수 있나요?

대화

Южин
유진:

우르거- 키노 테아트르 야와흐 아우토산드 하-나-스 소-흐?

Өргөө кино театр явах автобусанд хаанаас суух вэ?

우르거 극장으로 가는 버스는 어디서 타나요?

Бат
바트:

바로옹 두루웅 자마-스 소-가-래.

Баруун дөрвөн замаас суугаарай.

서쪽 사거리로 가서 타세요.

Южин
유진:

아우토스니- 보-달 얼렁 벌허-르 보딜라-드 밴. 야마르 아우토산드 소-흐 왜?

Автобусны буудал олон болохоор будилаад байна. Ямар автобусанд суух вэ?

버스정류장이 많아서 헷갈리네요. 어떤 버스를 타야 하나요?

Бат
바트:

고로우 두루우 허러럴 게셍 비칙테- 아우토산드 소-가-래.

3, 4 хороолол гэсэн бичигтэй автобусанд суугаарай.

3, 4구역이라고 쓰여 있는 버스를 타세요.

Южин
유진:

우-르 보-들라-스 소-즈 벌호-?

Өөр буудлаас сууж болох уу?

혹시 다른 곳에서는 탈 수 없나요?

Бат
바트:

바로옹 두루웅 잠 데-르 어치월 고로우 두루우 두게-르 허러럴 야와흐 얼렁 아우토스 적스득.

Баруун дөрвөн зам дээр очвол 3, 4 дүгээр хороолол явах олон автобус зогсдог.

서쪽 사거리로 가면 3, 4구역으로 가는 버스가 많이 지나가요.

Южин
유진:

티무? 테그웰 머드니- 허여르로 야즈 야호-?

Тийм үү? Тэгвэл модны хоёр руу яаж явах уу?

그래요? 그럼 머드니허여르는 어떻게 가나요?

Бат
바트:

티-셰 탁시가-르 야우쓰 느 데-르. 아우토스 바락 야우득귀.

Тийшээ таксигаар явсан нь дээр. Автобус бараг явдаггүй.

거기는 택시를 타고 가는 것이 좋아요. 버스가 별로 없거든요.

83

- 버스를 어디에서 타나요? **Автобусанд хаанаас суух вэ?**
  아우토산드 하-나-스 소-호?
- 버스를 탑니다. **Автобусанд сууна.** 아우토산드 손-.
- 어디로 갈까요? **Хаашаа явах уу?** 하-샤 야-호-?
- 13구역으로 갑니다. **Арван гурав дугаар хороолол явна.**
  아르왕 고로우 도가-르 허럴-렬 야운.
- 얼마나 걸리나요? **Аль зэрэг хугацаа орох уу?** 앨르 제렉 혹차- 어르호-?
- 20분 걸릴 것 같습니다. **Хорин минут болох байх.**
  허링 미노트 벌러흐 배흐.
- 어디에서 내리세요? **Хаана буух уу?** 한 보-호?
- 여기에서 내릴게요. **Энд бууна.** 엔드 본-.
- 얼마 나왔어요? **Хэд гарсан бэ?** 헤드 가르쌍 배?
- 잔돈 주세요. **Хариулт мөнгө өгөөрэй.** 해롤트 뭉그 우고-레.

단어

영화	кино	키노	극장	театр	테아트르
타다, 앉다	суух	소-흐	버스정류장	автобусны буудал	아우토스니 보-달
많다	олон	얼렁	헷갈리다	будлих	보들리흐
구역	хороолол	허러얼렬	~에(서)	дээр	데-르
내리다	буух	보-흐	버스	автобус	아우토스
나오다, 나가다	гарах	가라흐	전기버스	тролейбус	트롤레이보스
서다, 멈추다	зогсох	적서흐	봉고차	микро	미크로
저기, 거기	тийшээ	티셰-	택시	такси	탁시
여기	ийшээ	이셰-	어떻게	яаж	야즈
낫다	дээр	데-르	거의 ~않다	бараг	바락
가다	явах	야와흐	내리다	буух	보-흐

84

문법과 활용

■ 탈격(~에서/~에게서)

■ 몽골어의 탈격조사/어미

'–аас, ээс, - оос, -өөс'는 한국어의 '-에서/-에게서', '-로부터'에 해당된다.
'어디에서?', '누구에게서?', '무엇에서/무엇으로부터?'라는 질문에 대한 답이다.

1) 단어가 'и'나 '-ь' 이외의 모음과 자음으로 끝나는 단어에 모음조화에 따라
연결한다.

> **예** 집에서 гэрээс 게레-스 ※ 집 гэр 게르
>
> 사무실은 집에서 10분 거리에 있다.
> Гэрээс арван минутын зайд ажлын газар байдаг.
> 게레-스 아르왕 미노팅 재드 아즐링 가자르 배득.

2) 단어가 '-и'나 '-ь'로 끝나는 경우에는 '-и'나 '-ь'가 '-и'로 바뀌고 '-аас',
'-оос'의 모음 하나가 생략되어 결합한 형태인 '-иас', '-иос'가 된다.

> **예** 학교에서 сургуулиас 소르고올리아스 ※ 학교 сургууль 소르고올

3) 단어가 장모음, 이중모음으로 끝나는 경우 앞에 '-г'와 '-н'을 삽입해
'-гаас' 또는 '-наас' 형태로 연결한다. 단어의 뜻이 사람 또는 지역을
가리키는 경우 '-г'을, 다른 경우에는 '-н'을 삽입해 연결한다.

> **예** 동생에게서 дүүгээс 두-게스, 방에서 өрөөнөөс 우루-누스
>   ※ 동생 дүү 두, 방 өрөө 우루

연습하기

 다음에 나오는 문장을 몽골어로 읽어보자.

1. 버스는 어디에서 타나요? _____

2. 어디에서 내리세요? _____

3. 여기에서 내릴게요. _____

4. 어떻게 가나요? _____

대중교통

몽골의 대표적인 교통수단은 시내버스, 전차, 택시 등이 있다.

시내버스 автобус 아우토스

전차보다는 요금이 비싸지만, 대체적으로 교통비가 다른 물가에 비해 저렴한 편이다. 1년 전에는 버스를 탈 때 표를 검사하는 검표원이 따로 있었지만 지금은 교통카드를 찍고 타면 된다. 물론 현금으로도 지불할 수 있다. 교통카드는 작은 상점에서 살 수 있으며 충전해서 사용할 수 있다. 버스비는 성인 500₮(투그릭), 아동 200₮(투그릭)이며, 대학생과 노인은 버스를 무료로 이용할 수 있는 카드를 사용할 수 있다.

전기버스(전차) троллейбус 트롤레이보스

전기버스는 수도인 울란바토르 시내에서만 운행된다. 휘발유나 디젤유를 사용하지 않고, 도로 위에 설치되어 있는 전력선으로부터 전기를 공급받아 운행된다. 일반 미크로나 시내 버스보다는 저렴하지만, 종종 도로상에서 고장을 일으켜 다음 차로 갈아타는 경우도 있다. 전기선이 설치된 중심 도로를 벗어나서 운행되지 못하여 시 외곽까지 이동 시에는 제한이 있다. 전차비는 300₮(투그릭)이다.

미크로 микро 미크로

미크로는 우리나라에는 없는 봉고차이며, 대중교통 수단으로 한국의 봉고차(미크로)를 버스처럼 운행한다. 이용요금은 거리마다 다르지만 평균 500₮(투그릭) 정도이다. 길이 잘 닦이지 않아 버스가 다닐 수 없는 길을 가기도 한다. 정류장에서 미크로 안내원이 노선을 외칠 때 잘 듣고 탑승하는데, 확실치 않을 때에는 반드시 안내원에게 물어보고 탑승해야 한다.

택시 такси 탁시

몽골의 택시는 크게 일반 택시, 영업택시, 콜택시 등 세 종류가 있다. 일반 택시는 개인 자가용으로 아무 곳에서나 탈 수 있으며, 자가용을 소지한 운전자가 퇴근길에 손을 흔드는 손님을 실어 나르는 택시를 말한다. 영업택시는 한국의 택시와 같이 미터기가 설치되어 있는데, 보기가 드물어 전화로 불러야 할 때가 많다. 콜택시를 이용하면 기본료 1,000₮(투그릭)이 더 부과된다. 택시비는 1킬로미터당 800~1000₮(투그릭)이다. 미터기가 설치되어 있더라도 외국인을 상대로 속이는 경우가 종종 있고, 개인택시의 경우 책정 기준이 기사마다 다르므로 바가지요금에 주의해야 한다.

교통 관련 현지어

1. 요금이 얼마예요? **Ямар үнэтэй вэ?** 야마르 운테- 왜?
2. 몇 킬로 나왔나요? **Хэдэн километр(km) гарсан бэ?**
   헤뎅 킬로메트르 가르씅 배?
3. 좌회전해주세요. **Зүүн гар тийшээ эргээрэй.**
   주웅 가르 티셰 에르게-레.
4. 우회전해주세요. **Баруун гар тийшээ эргээрэй.**
   바로옹 가르 티셰 에르게-레.
5. 직진해주세요. **Чигээрээ яваарай.** 치게-레- 야와-래.
6. 여기서 세워주세요. **Энд зогсоорой.** 엔드 적서-레.
7. 여기서 내릴게요. **Энд бууя.** 엔드 보이.

11 | 제11과

보-쯔 아위
Бууз авъя
고기만두 주세요

대화

Южин
유진:

허얼르니- 체스 우줄레-치. 엔드 야마르 허얼리익 이흐 자히알득오?
Хоолны цэс үзүүлээч.
Энд ямар хоол их захиалдаг вэ?
메뉴판 좀 보여주세요. 이곳에서는 어떤 메뉴가 유명한가요?

우일칠렉치
Үйлчлэгч
웨이터:

마내 허얼르니- 가자르 보-쯔 벌렁 살라틀 자르닥. 살라트 느 투무스 벌렁 배차-니- 살라트 배가.
Манай хоолны газар бууз болон салат л
зардаг. Салат нь төмс болон байцааны
салат байгаа.
저희 식당에서는 고기만두(보쯔)와 샐러드를 팔아요.
샐러드는 감자 샐러드, 양배추 샐러드가 있습니다.

Южин
유진:

야마르 야마르 마흐태 왜?
Ямар ямар махтай вэ?
고기의 종류는 어떤 것들이 있나요?

Үйлчлэгч
웨이터:

헌 벌렁 우흐링 마흐태 보-쯔 배가.
Хонь болон үхрийн махтай бууз байгаа.
양고기와 소고기 만두가 있어요.

Южин
유진:

테그웰 우흐링 마흐태 보-쯔 넉 타왁 바스 투무스니- 살라트 우거-치.
Тэгвэл үхрийн махтай бууз нэг таваг бас
төмсний салат өгөөч.
그럼 소고기 만두 한 접시와 감자 샐러드 주세요.

식사 후 **Хоолны дараа**
허얼르니- 다라-

Южин
유진:

새항 허얼를러-. 터-처-거- 히.

Сайхан хоололлоо. Тооцоогоо хийе.

잘 먹었습니다. 계산서 주세요.

Үйлчлэгч
웨이터:

고로왕 망그 타왕 조옹 투그릭 벌즈 밴. 새항 허얼럴스노?

Гурван мянга таван зуун төгрөг болж байна. Сайхан Хооллосон уу?

3,500투그릭입니다. 맛있게 드셨나요?

Южин
유진:

마흐 느 저-헝 하토- 밴. 게흐데- 암트태 밴.

Мах нь жоохон хатуу байна. Гэхдээ амттай байна.

고기가 조금 질겨요. 하지만 맛있었어요.

유용한 표현

- 배가 고파요. **Өлсөж байна.** 울스스 밴.
- 배가 불러요. **Цатгалан байна. / Цадсан.** 차트글랑 밴. / 차드상.
- 식사하세요. **Хоолоо идээрэй.** 허얼러- 이데-레-.
- 맛있게 드세요. **Сайхан хооллоорой.** 새항 허얼러-레.
- 어떤 음식이 맛있어요? **Ямар хоол амттай вэ?** 야마르 허얼 암트태 왜?
- 이것을 먹을게요. **Энийг идье.** 이닉 이디.
- 밥 한 공기 더 주세요. **Нэг аяга будаа өгөөч.** 넥 아약 보다- 우거-치.
- 맛이 어때요? **Амт нь ямар байна?** 암트 느 야마르 밴?
- 싱거워요./ 짜요. **Давс нь сул байна.** 다우스 느 솔 밴. /
  Шорвог байна. 셔르웍 밴.

단어

메뉴	хоолны цэс	허얼르니- 체스	주문하다	захиалах	자히알라흐
식당	хоолны газар	허얼르니 가자르	만두	бууз	보쯔
샐러드	салат	살라트	팔다	зарах	자라흐
감자	төмс	투무스	양배추	байцаа	배차-
고기	мах	마흐	양	хонь	헌
소	үхэр	우흐르	접시	таваг	타왁
주다	өгөх	우고흐	맛	амт	암트
계산	тооцоо	터-처-	하다	хийх	히-흐
조금	жоохон	저-헝	질긴, 딱딱한	хатуу	하토-
맛있는	амттай	암트태	하지만, 그러나	гэхдээ	게흐데-

문법과 활용

➡️ 많이 쓰이는 형용사의 반대말

형용사	의미	형용사	의미
халуун 할롱-	덥다, 뜨겁다	хүйтэн 휘틍	춥다, 차갑다
зузаан 조장-	두껍다	нимгэн 님-긍	얇다
том 텀	크다	жижиг 지직	작다
урт 오르트	길다	богино 버근	짧다
өргөн 우르궁	넓다	нарийн 나링-	좁다/얇다
өндөр 운드르	높다	намхан 남항	낮다/작다
хол 힐	멀다	ойрхон 어르헝	가깝다
хүнд 훈드	무겁다	хөнгөн 훈궁	가볍다
олон 얼렁 / их 이흐	많다	цөөхөн 처흥 / бага 박	적다
тарган 타르강	뚱뚱하다	туранхай 토랑하이	날씬하다

90

형용사	의미
хурдан 호르당	빠르다
хэцүү 헤추-	어렵다
зөөлөн 주을릉	부드럽다
цэвэрхэн 체웨르헹	깨끗하다
хөөрхөн 후-르흥	예쁘다
үнэтэй 운테	비싸다
шинэ 쉰	새/새롭다
дүүрэн 두-릉	차다
сайн 생 / сайхан 새항	좋다
залуу 잘로-	젊다
амттай 암트태	맛있다
өлсөх 울스흐	배고프다
нэмэх 네메흐	늘다, 더하다

형용사	의미
удаан 오당-	느리다
амархан 아마르항	쉽다
хатуу 하토-	딱딱하다
бохир 버히르	지저분하다
царай муутай 채래 모-태	못생겼다
хямд 햄드, хямдхан 햄드항	싸다
хуучин 호-칭	헌/오래되다
хоосон 허-성	비다
муу 모- / муухай 모해-	나쁘다
хөгшин 훅슁	늙다
амттүй 암트귀	맛없다, 밍밍하다
цадах 차다흐	배부르다.
хасах 하사흐	줄이다, 빼다

연습하기

 다음 형용사의 반대말을 찾아 써보자.

> a. амттай(맛있다) b. том(크다) c. хэцүү(어렵다)
> d. үнэтэй(비싸다) e. хурдан(빠르다)

A. амархан   ↔   _____

B. амттүй   ↔   _____

C. хямд   ↔   _____

D. жижиг   ↔   _____

E. удаан   ↔   _____

몽골인의 식생활

몽골인들은 목축업을 주로 하는데 봄과 겨울에는 주로 양고기를, 여름과 가을에는 치즈 등의 유제품을 많이 먹는 편이다. 몽골에서는 고기를 붉은 음식(улаан идээ 올랑- 이데), 유제품을 하얀 음식(цагаан идээ 차강- 이데)이라고 말한다. 몽골 사람들은 옛날부터 유목 생활을 했으므로 계절에 따라 수시로 이동을 해야 했고 운동량이 많아서 고기를 많이 먹었다.

시장에 가면 양고기, 말고기, 소고기 등을 구입할 수 있는데 몽골인이 가장 즐겨 먹는 고기는 양고기이다. 양고기는 감사와 행운을 뜻하므로 풍요로움을 상징하는 쇠고기와 함께 각종 연회와 주요 행사에 빠지지 않는다. 양은 다른 가축과는 달리 머리에서 발끝까지 하나도 버릴 것이 없다. 양의 젖과 양모는 유목민들에게 필요한 유제품과 양탄자의 재료인 펠트로 쓰이며, 죽어서는 고기, 설날 제사상에 올리는 양 몸통 전체를 삶은 고기(ууц 오츠), 내장과 피로 만든 순대, 양가죽 등을 제공해준다. 더구나 양은 다른 가축이 먹지 않는 풀까지도 다양하게 먹기 때문에 방목하기 쉽고 혹한에서도 눈을 헤치고 풀을 먹는 강인한 생명력을 가지고 있다. 따라서 양은 몽골의 대표적인 오축(말 морь 머르, 소 үхэр 우흐르, 낙타 тэмээ 티메, 양 хонь 헌느, 염소 ямаа 야마) 중에서도 가장 선호하는 가축이다.

고기를 이용해 우리의 물만두 같은 '반시', 찐만두 같은 '보쯔', 기름에 튀긴 만두인 '호쇼르'를 만들어 먹는데, 이 세 가지가 몽골인들의 주요 음식이다. 도시에 사는 인구가 늘어난 근래에 들어서면서 사람들이 고기와 함께 채소도 많이 먹기 시작했다. 몽골은 매운 음식을 먹지 않지만 최근 들어 김치 등 한국 음식을 먹으러 한국 식당을 찾는 사람들이 늘어났다. 몽골에서는 한국 음식 중 특히 삼겹살, 불고기, 닭볶음탕 등이 인기가 많은 편이다.

별다른 간식거리가 없는 몽골에서 가장 즐겨 찾는 간식거리는 '사마르 самар'라고 불리는 잣이다. 버스 안이나 휴게실에 가면 사마르를 까서 먹고 버린 사마르 껍질을 쉽게 볼 수 있다.

몽골의 대표적인 전통 음식

이름	특징
삶은 고기 чансан мах 찬상 마흐	물에 소금, 감자, 당근, 무를 넣고 삶아 양파, 파와 같이 먹는다. 담백한 맛이 난다.
고기 통구이 боодог 버덕	몽골 최고의 전통 요리. 초원에서 서식하는 타르왁으로 만들었으나 구하기가 쉽지 않아 염소를 잡아 만들기도 한다. 목 부분을 잘라낸 뒤 내장을 모두 꺼내고 달군 돌과 양념을 넣고 입구를 봉해 장작불로 바비큐를 한 것으로 숯불에 구워 향이 진하다.
찐만두 бууз 보쯔	몽골식 찐만두. 고기와 함께 각종 채소가 들어가는 우리나라 만두와 달리 몽골에서는 주로 고기만 넣는다. 우리가 설날에 만둣국을 먹듯이 몽골 사람들도 설날이면 보쯔를 먹는다.
튀김만두 хуушуур 호쇼르	넓고 납작한 몽골식 튀김만두. 잘게 다진 양고기에 소금, 양파, 마늘 등으로 간을 해서 먹는 게 일반적이지만, 잡채, 생선, 김치 등을 넣어 다양하게 응용할 수 있다.
볶음국수 цуйван 초이왕	고기와 감자, 양배추, 당근, 양파 등의 채소를 넣고 만든 볶음국수. 소금 간을 기본으로 하지만, 간장을 넣기도 한다.
우유과자 ааруул 아롤	우유에서 치즈 성분을 걸러 만든 과자. 질감은 딱딱한 것부터 말랑한 것까지 다양하며 시큼한 요구르트 맛이다. 종류에 따라 설탕을 섞은 것도 있는데 달고 쓴맛이 나는 것도 있다.
마유주 айраг 아이락	말젖으로 만드는 마유주는 한국의 막걸리와 비슷하며 알콜 도수 3~5도 전후의 발효주이다.
요플레 тараг 타락	우유를 발효시켜 만든 몽골식 요플레. 요구르트의 일종으로 시중에 나와 있는 요구르트 맛에 비해 시큼한 향이 강하고 점성이 높다.
죽 сүүтэй будаа 수-테 보다	우유에 밥을 말아서 만든 죽의 일종. 수테차가 기름지고 고소한 맛이 난다면, 죽은 수테차에 비해 단맛이 굉장히 강하다.
수프 шөл 술	국물 요리로 고릴태슐은 고기에 면을 넣고 끓인 수프를 말하고, 너거테슐은 채소를 넣고 끓인 수프를 말한다. 후추 등 양념으로 간을 해서 주로 빵과 함께 먹는다.

게데스 오우드즈 밴
Гэдэс өвдөж байна
배가 아파요

대화

Южин
유진:

샌밴오. 게데스 오우두드 이를레. 한 부르트구울레흐 왜?

Сайн байна уу? Гэдэс өвдөөд ирлээ. Хаана бүртгүүлэх вэ?

안녕하세요. 배가 아파서 왔어요. 접수는 어디에서 하나요?

소월락치
Сувилагч
간호사:

나-샤 이르데-. 앙흐 오다- 이르즈 배가- 벌 엔 비츠기익 부글르-레-. 타니 네리익 도-드탈 훌레-게-레.

Наашаа ир дээ. Анх удаа ирж байгаа бол энэ бичгийг бөглөөрэй. Таны нэрийг дуудтал хүлээгээрэй.

이쪽으로 오세요. 처음 오셨으면 이 서류를 먼저 작성해주세요.
기다리시면 이름을 불러드릴게요.

Южин
유진:

자, 어얼러글라-.

За ойлголоо.

네, 알겠습니다.

잠시 후 **Хэсэг хугацааны дараа**
헤섹 혹차-니 다라-

Сувилагч
간호사:

김유진 어러-드 이레레-.

Ким Южин ороод ирээрэй.

김유진 씨 들어오세요.

엠치
Эмч
의사:

헤제-네-스 에헬즈 오우드승 배?

Хэзээнээс эхэлж өвдсөн бэ?

언제부터 아팠어요?

Южин
유진:

우칙드르 어레너-스 게데스 궐그셍. 바스 허여르 오다- 버얼즈승.

Өчигдөр оройноос гэдэс гүйлгэсэн. Бас хоёр удаа бөөлжсөн.

어제 밤부터 설사를 해요. 구토도 두 번 했고요.

Эмч
의사:

게데스니- 우렙셀 욤식 밴. 에흘레-드 신질게- 히-게-드 우지.

Гэдэсний үрэвсэл юм шиг байна.
Эхлээд шинжилгээ хийгээд үзье.

장염인 것 같군요. 우선 검사를 먼저 해봅시다.

Сувилагч
간호사:

나-샤 다가-드 이레레-. 초스니- 신질게- 힌-.

Наашаа дагаад ирээрэй.
Цусны шинжилгээ хийнэ.

이쪽으로 따라오세요. 피검사를 할 거예요.

유용한 표현

병원(**Эмнэлэг** 에믈렉)에서

■ 증상질문

- 어디가 아프세요?

  Таны хаана өвдөж байна? 타니 한 오우드즈 밴?

  Хаана чинь өвдөж байна? 한 친 오우드즈 밴?

- 어떻게 아프세요?

  Та ямар зовиуртай байна? 타 야마르 저위오르태- 밴?

  Яаж өвдөж байна? 야즈 오우드즈 밴?

- 증상이 어떤가요?

  Ямар шинж тэмдэг илэрч байна? 야마르 신즈 템덱 일레르츠 밴?

■ 증상표현

- 열이 나요. Халуурч байна. 할로르츠 밴.

- 머리가 아파요. Толгой өвдөж байна. 털르거이 오우드즈 밴.

- 허리가 아파요. Нуруу өвдөж байна. 노로- 오우드즈 밴.

- 소화가 잘 안 돼요. Хоол шингэхгүй байна. 허얼 신게흐귀 밴.

- 기침을 해요. Ханиалгаж байна. 하날가즈 밴.

- 많이 아픕니다. Их өвдөж байна. 이흐 오우드즈 밴.

- 괜찮아요. Зүгээр байна. 주게-르 밴.

배	гэдэс	게데스	부르다	дуудах	도-다흐
아프다	өвдөх	오우드흐	기다리다	хүлээх	홀레-흐
오다	ирэх	이레흐	이해하다	ойлгох	어일러거흐
접수하다	бүрттүүлэх	부르트구울레흐	구토하다	бөөлжих	버얼지흐
여기, 이쪽	наашаа	나-샤-	설사하다	гүйлгэх	구일게흐
작성하다	бөглөх	부글르흐	장염	үрэвсэл	우렙셀
증상	шинж тэмдэг	신즈 템덱	약	эм	엠
검사	шинжилгээ	신질게-	약국	эмийн сан	에밍- 상
피, 혈액	цус	초스	따르다	дагах	다가흐

문법과 활용

➡ ~하세요('please'의 의미)

몽골어의 2인칭 동사종결어미 '–аарай, ээрэй, оорой, өөрэй 아래, 에레, 어레, 우레'는 2인칭에 대한 명령, 요구, 청탁, 권유 등의 의미를 나타낼 때 사용한다. 한국어의 "~하세요"라는 뜻으로 동사어근에 모음조화 규칙에 따라 아래와 같이 연결한다.

1) аарай: 모음조화 규칙에 따라 'o, ё' 외의 남성모음어가 있는 동사어근에 연결

> **예** явах → яв → яваарай 야와래 (가세요)

2) оорой: 모음조 화 규칙에 따라 'o, ё'가 있는 동사어근에 연결

> **예** орох → ор → ороорой 어러레 (들어오세요)

3) ээрэй: 모음조화 규칙에 따라 'ө' 이외의 여성모음이 있는 동사어근에 연결

> **예** ирэх → ир → ирээрэй 이레레 (오세요)

4) өөрэй: 모음조화 규칙에 따라 'ө'가 있는 동사어근에 연결

> **예** өгөх → өг → өгөөрэй 우고레 (주세요)

■▶ 신체 동작 관련 용어

- 일어서세요. **босоорой.** 버서-래.
- 앉으세요. **суугаарай.** 소-가-래.
- 누우세요. **хэвтээрэй.** 헤우테-레.
- 허리를 구부리세요. **тонгойгоорой.** 턴거거-래.
- 손을 드세요. **гараа өргөөрэй.** 가라- 우르거-레.
- 양손을 벌리세요. **гараа алдлаарай.** 가라- 알들라-래.
- 걸으세요. **алхаарай.** 알하-라래.
- 멈추세요. **зогсоорой.** 적서-래.
- 다리를 모으세요. **хөлөө нийлүүлээрэй.** 훌루- 니-루울레-레.

연습하기

 다음 그림을 보며 신체 관련 용어를 익혀보자.

얼굴 нүүр 누-르

이마 **дух** 도흐
눈 **нүд** 누드
코 **хамар** 하마르
입 **ам** 암
입술 **уруул** 오룰-
턱 **эрүү** 에루-
귀 **чих** 치흐
머리카락 **үс** 우스

몸 бие 비에

머리 **толгой** 털르거이
목 **хүзүү** 후주-
가슴 **цээж** 체-즈
어깨 **мөр** 무르
팔/손 **гар** 가르
손가락 **гарын хуруу** 가링 호로-
팔꿈치 **тохой** 터허이
배 **гэдэс** 게데스
허리/등 **нуруу** 노로-
엉덩이 **өгзөг** 우그죽
다리 **хөл** 훌
허벅지 **гуя** 고이
무릎 **өвдөг** 오우득
발목 **шагай** 샤가이
발가락 **хөлийн хуруу** 홀리잉 호로-
발꿈치 **өсгий** 우스기-
피부 **арьс** 애르스

몽골의 병원

몽골에는 종합병원, 보건소, 개인병원 등의 병원이 있다. 몽골 사람들은 주로 개인병원을 이용하는데, 한국인들이 지은 병원도 있다. 연세병원, 송도병원 등 대형 병원뿐만 아니라 한국인이 하는 치과, 한의원, 약국 등도 있다. 몽골의 종합병원은 한국의 종합병원과는 달리 모든 과의 진료를 한 번에 하는 병원은 없고 건물당 한 과씩 진료한다. 대학병원은 모든 과를 진료하지만 몽골에는 단 한 곳밖에 없다.

몽골의 의료기술은 대부분 러시아로부터 받아들였기 때문에 이전에는 러시아 의사가 많았지만 근래에는 몽골 의사와 한국 의사 등 다른 나라 의사들도 많이 늘었다. 의약품도 대부분 러시아나 유럽에서 들어왔다. 몽골은 처방전을 받지 않아도 자유롭게 구매할 수 있는 약이 대부분이다. 타이레놀 등 한국에서 대중적인 약은 몽골에서도 쉽게 구매할 수 있다.

전에는 병원에 바로 방문해서 진료를 받는 것이 일반적이었지만, 외국인 의사들이 많아지면서 예약하고 방문하는 병원들도 많아지고 있다. 몽골 병원에서 접수하는 방식은 한국의 병원과 비슷하다. 몽골의 진료비는 한국보다 싼 편이지만 몽골의 물가에 비하면 비싸다. 한 번 진료를 받는 데 일반적으로 한화 10,000원에서 15,000원이 든다.

Tips! ЭМИЙН САН 에밍-상

몽골에서는 약국을 이렇게 표시합니다.

- 이 약은 하루에 세 번 식사 후에 드세요.
  Энэ эмийг өдөрт 3 удаа хоолны дараа уугаарай.
  엔 에믹 우드르트 고로웅 오다- 허얼르니 다라- 오-가-래.

13 제13과

파스퍼르터- 게-치흘레-
Паспортоо гээчихлээ
여권을 잃어버렸어요

대화

Южин
유진:

충혜 게-치흘레-. 토슬라래-.
Цүнхээ гээчихлээ. Туслаарай.
가방을 잃어버렸습니다. 도와주세요.

Цагдаа
경찰:

착다-
한 게-쏭 배?
Хаана гээсэн бэ?
어디에서 잃어버렸어요?

Южин
유진:

탁시인드 어르허-드 보-치흘라-.
Таксинд орхиод буучихлаа.
택시에 두고 내렸어요.

Цагдаа
경찰:

충헨드 요요 배쏭 배? 엔드 비체-레.
Цүнхэнд юу юу байсан бэ? Энд бичээрэй.
가방에 뭐가 들어 있었나요? 여기에 적어주세요.

Южин
유진:

투리-브치, 파스퍼르트, 가르 오타스 배쏭. 투리-브친드 카르트 벌렁 벨렝 뭉그, 우넴레흐 배쏭.
Түрийвч, паспорт, гар утас байсан.
Түрийвчинд карт болон бэлэн мөнгө,
үнэмлэх байсан.
지갑, 여권, 휴대전화가 들어 있어요. 지갑에는 카드와 현금, 신분증이 있고요.

Цагдаа
경찰:

메덱델 비체-드 우그울 샬르가즈 우제-드 해로- 메덱디. 에흘레-드 설렁거스 올싱 엘칭 새딩 얌나-스 아일락치익 바틀라흐 비츠게- 아와래-.
Мэдэгдэл бичээд өгвөл шалгаж үзээд хариу
мэдэгдье. Эхлээд Солонгос улсын элчин
сайдын яамнаас аялагчийг батлах бичгээ
аваарай.
신고서를 써주시면 조사해보고 연락드리겠습니다.
우선 한국 대사관에서 여행 증명서를 받으세요.

Южин

유진:

설렁거스 올싱 엘칭 새딩 얌 한 배닥 왜?

Солонгос улсын элчин сайдын яам хаана байдаг вэ?

한국 대사관은 어디에 있나요?

Цагдаа

경찰:

마하트마 간디기잉 고담진드 투우 쳉겔데흐 후렐-렝그 웅구루-드 야우하드 비-.
오타스 느 달르 텍 텍 덜러 – 아로우 고치.

Махатма Гандигийн гудамжинд Төв цэнгэлдэх хүрээлэнг өнгөрөөд явахад бий. Утас нь 7007-1030.

마하트마 간디 거리의 종합운동장을 지나면 있습니다.
연락처는 7007-1030입니다.

유용한 표현

- 어디 **хаана** 한
- 어디에 있어요? **Хаана байна?** 한 밴
- 있다. **байна.** 밴.
- 여기 있어요. **Энд байна.** 엔드 밴.
- 없다. **байхгүй.** 배흐귀.
- 없어요. **Байхгүй байна.** 배흐귀 밴.
- 다른 **өөр** 우-르
- 약간 달라요. **Арай өөр байна.** 아라이 우-르 밴.
  가능하다. **боломжтой.** 벌럼즈테-.
- 가능해요. **Боломжтой байна.** 벌럼즈테- 밴.
- 안 된다. **болохгүй** 벌러흐귀.
- 안 돼요. **Болохгүй байна.** 벌러흐귀 밴.
- ~ 것 같아. **~ байх аа** 바하-.
- 안 될 것 같아요. **Болохгүй байх аа.** 벌러흐귀 바하-.

가방	цүнх	충흐	잃어버리다	хаях, гээх	하야흐, 게-흐
돕다, 도와주다	туслах	토슬라흐	여권	паспорт	파스퍼르트
어디	хаана	한	택시	такси	탁시
두다, 버리다	орхих	어르히흐	내리다	буух	보-흐
무엇	юу	요	지갑	түрийвч	투리-브치
휴대전화	гар утас	가르 오다스	카드	карт	카르트
현금	бэлэн мөнгө	벨릉 뭉그	신분증	үнэмлэх	우넴레흐
신고서	мэдэгдэл	메덱델	쓰다	бичих	비치흐
답, 답장	хариу	해로	대사관	элчин сайдын яам	엘칭 새딩 얌
경찰서	цагдаагийн газар	착다-깅 가 자르	여행증명서	аялагчийг батлах бичиг	아일락치익 바틀 라흐 비칙
길, 거리	зам, гудамж	잠, 고담즈	종합운동장 (스타디움)	цэнгэлдэх хүрээлэн	쳉겔데흐 후 렐-렝
지나치다	өнгөрөх	웅구루흐	전하다, 알리다	мэдэгдэх	메덱데흐

몽골에서는 전화번호를 읽을 때 두 자리씩 끊어서 읽는다.

1) 9911-1510 Ерэн ес арван нэг – арван тав арав
   이릉 유스 아르왕 넥 – 아르왕 타우 아로우

2) 9620-6767 Ерэн зургаа хорь – жаран долоо жаран долоо
   이릉 조르가 허르 – 자릉 덜러 자릉 덜러

3) 8800-0425 Наян найм тэг тэг – тэг дөрөв хорин тав
   나잉 냄 텍 텍 – 텍 두루우 허릉 타우

다음 문장을 올바르게 읽어보자.

1. 한국 대사관으로 빨리 가주세요.

   яваад өгөөрэй элчин сайдын яам руу
   Солонгос хурдан улсын.

   _____

2. 식당에서 잃어버렸어요.

   хаясан хоолны газарт.

   _____

3. 종이하고 펜 주세요.

   үзэг бас өгөөч цаас.

   _____

4. 경찰서는 어디에 있나요?

   хаана цагдаагийн байдаг вэ газар?

   _____

여행 중 여권 분실 시 대처 요령

1. 경찰서에 분실신고를 한다.
2. 대한민국 대사관 영사과에서 여행 증명서를 발급받는다.
   - 필수 구비서류(분실 신고서, 신분증 사본(본인 확인용), 비행기표, 여권용 사진 2매, 수수료 7달러)
   ※ 여행 증명서를 발급받은 경우, 출국 비자를 다시 받지 않고도 출국이 가능하다.

몽골에 입국하여 여행을 하던 중 여권을 분실한 경우에는 당황하지 말고 가까운 경찰서에 가서 분실 신고를 해야 한다. 경찰서는 몽골어로 'Цагдаагийн газар 착다-기잉 가자르'라고 하며, "가까운 경찰서가 어디에 있나요? Энд ойрхон цагдаагийн газар хаана байна вэ? 엔드 어이르헝 착다-기잉 가자르 하안 밴 왜?"라고 묻거나 택시를 타고 운전기사에게 "경찰서에 가주세요. Цагдаагийн газар руу яваад өгөөч 착다-기잉 가자르로 야와-드 우거-치"라고 말하면 된다.
경찰서에 가면 먼저 분실 신고서를 작성하고 확인서를 받아야 한다. 분실 신고서를 받을 때 여권번호 및 주민등록번호가 반드시 필요하므로 여권 사본을 따로 챙겨두면 좋다. 경찰서에서 받은 확인서에 도장이 찍혀 있는지 확인하고 한국 대사관으로 가서 여행 증명서를 발급받으면 된다. 영사과에서 본인 확인을 하고 여행 증명서를 발급받는 데에는 보통 30~40분 정도가 소요된다.

주몽골 대한민국 대사관 주소 및 연락처

- 주소
  P.O. Box-1039, Mahatma Gandhi street-39, Khan-Uul district-15, Ulaanbaatar-17011, Mongolia
- 전화번호(몽골국가번호 +976)
  · 긴급연락처: 일과시간 (+976) 7007-1020
  　　　　　　　일과 후/공휴일/주말 (+976) 9911-4119
  · 대표전화: (+976) 7007-1020
  · 영사과: (+976) 7007-1030(비자), 1032(여권, 공증, 영사민원)
  · 사건사고 담당: (+976) 9911-4119
- FAX 번호
  · 대표: (+976) 7007-1021　　　　· 영사과: (+976) 7007-1031
- E-Mail 및 웹사이트
  · E-Mail(대표): kormg@mofa.go.kr　　· website: http://mng.mofa.go.kr

PART 3
비즈니스회화 편

아차-가- 하-나-스 아와흐 왜?

01 | 제1과 **Ачаагаа хаанаас авах вэ?**
수하물은 어디에서 찾나요?

대화

입국심사 중 **Нэвтрэн ороход шалган байцааж байна**
네우트렝 어르허드 살르간 배차-즈 밴

알방 하-악치
албан хаагч
입국심사관:

파스퍼르트 벌렁 네우트렝 어러흐 호-드사 우줄른우-.
**Паспорт болон нэвтрэн орох хуудсаа
үзүүлнэ үү.**
여권과 입국 신고서를 보여주세요.

Минжон
민정:

엔 밴.
Энэ байна.
여기 있습니다.

멍걸드 헤디- 혹차-가-르 이르쌍 배?
албан хаагч
입국심사관:

Монголд хэдий хугацаагаар ирсэн бэ?
몽골에는 얼마 동안 계실 건가요?

고로왕 덜러 허넉 배흐 툴루울루거-테.
Минжон
민정:

3 долоо хоног байх төлөвлөгөөтэй.
3주간 있을 예정입니다.

이르쌍 저릴럭 벌렁 어르싱 소-흐 하야가- 힐즈 우군우?
албан хаагч
입국심사관:

**Ирсэн зорилго болон оршин суух хаягаа
хэлж өгнө үү?**
방문 목적과 체류 장소를 말씀해주세요.

비즈네싱 저릴거-르 이르쌍. 칭기스 저치드 보-달드 배를란.
Минжон
민정:

**Бизнесийн зорилгоор ирсэн.
Чингис зочид буудалд байрлана.**
사업상 방문했습니다. 칭기스 호텔에 머물 예정입니다.

심사 후 **Хэсэг хугацааны дараа**

혜섹 혹차-니- 다라-

Минжон

민정:

테-세- 하-나-스 아와흐 왜?

Тээшээ хаанаас авах вэ?

수하물은 어디에서 찾나요?

Pалбан хаагч

입국심사관:

템데글레게-그 다가-드 야와래.
메데엘링 삼바르 데-레-스 아차- 아와흐 헤스기익 샬르가-래.

Тэмдэглэгээг дагаад яваарай.
Мэдээллийн самбар дээрээс ачаа авах
хэсгийг шалгаарай.

안내판을 따라가세요. 전광판에서 수하물 수취대 번호를 확인하세요.

유용한 표현

- 비자 수수료는 얼마입니까?
  Визний хураамж хэд вэ? 위즈니- 호람-지 헤드 왜?
- 세관에 신고할 물건은 없습니다.
  Гаальд мэдүүлэх бараа байхгүй. 가알드 메두울레흐 바라- 배흐귀.
- 카트는 어디에 있나요?
  Тэргэнцэр хаана байна вэ? 테르겐체르 한 밴 왜?
- 제 가방이 없어졌어요.
  Миний цүнх алга болчихлоо. 미니- 충흐 알락 벌치흘러-.
- 가방이 고장 났어요. **Цүнх эвдэрчихлээ.** 충흐 엡데르치흘레-.
- ~에도 불구하고
  (**хирнээ** 히르네-, **байтлаа** 배틀라-, **мөртлөө** 무르틀루-)

  예 밥을 먹었는데도 배가 고프다.
  Хоол идсэн мөртлөө өлсөж байна.
  허얼 이드쌍 무르틀루- 울수즈 밴.

  예 할머니께서는 나이가 많은데도 불구하고 건강하시다.
  Эмээ нас өндөр хирнээ л бие нь эрүүл.
  에메- 나스 운두르 히르네-엘 비엔 에루울.

107

단어

짐	ачаа, тээш	아차-, 테-시	입국하다	нэвтрэн орох	네우트렝 어러흐
입국 신고서	орох хуудас	어러흐 호-다스	기간, 기한	хугацаа	혹차-
목적	зорилго	저릴럭	살다	оршин суух	어르싱 소-흐
주소	хаяг	하약	머무르다, 묵다	байрлах	배를라흐
표시, 표지판	тэмдэглэгээ	템데글레게	게시판	самбар	삼바르
정보, 공지	мэдээлэл	메델렐	세관	гааль	가알
확인하다	шалгах	샬르가흐	물건	бараа	바라-
수수료, 요금	хураамж	호람-지	가방	цүнх	충흐
신고하다	мэдүүлэх	메두울레흐	망가지다, 고장나다	эвдрэх	엡드레흐
카트	тэргэнцэр	테르겡체르	없는	алга	알락

문법과 활용

➡ 소유격(~의)

소유격은 몽골어 문어체나 구어체에서 널리 사용되는 조사/어미이다. 명사 뒤에 붙어 그것이 뒤에 오는 말을 수식하는 역할, 그 안에 속한다는 의미를 나타낸다. 형태는 (1) **ын, ийн** (2) **ы, ий** (3) **-ны, -ний, - гийн**이 있다. 아래와 같이 조사/어미들을 구별하여 단어에 연결한다.

(1) **ын**(남성), **ийн**(여성): 단어 끝이 '-**н**' 이외의 자음 또는 단모음으로 끝나는 명사 뒤에 모음조화 규칙에 따라 연결한다.

> **예** 오빠의 집 **ахын гэр** 아힝 게르

※ 주의: 남성 모음어일지라도 단어의 끝이 '**т, ж, ч, ш, ь, и**'로 끝나는 경우에는 여성어의 '**-ийн**'을 연결한다. 예) 선생님의 책 **багшийн ном** 박시잉 넘

(2) 단어의 끝이 '-н'로 끝나는 명사 뒤에 모음조화 규칙에 따라 연결한다.

> **예** 누구의 가방입니까? **хэний цүнх вэ?** 헤니 충흐 왜?

(3) 단어의 끝이 장모음과 이중모음으로 끝나는 단어에 모음조화 규칙에 따라 연결한다.
단, '-ны, -ний'은 사물을 가리키는 단어에, '-гийн'은 사람을 가리키는 단어
뒤에 연결한다.

> **예** 동생 방 **дүүгийн өрөө** 두-기잉 우루-

연습하기

A 다음 질문에 몽골어로 대답해보자.

1. **Монголд хэдий хугацаагаар ирсэн бэ?**
멍걸드 헤디- 혹차-가-르 이르쌍 배?
몽골에는 얼마 동안 계실 건가요?

▶ _____

2주간 있을 예정입니다.

2. **Ирсэн зорилгоо хэлнэ үү?** 이르쌍 저릴거- 힐른우?
방문 목적을 말씀해주세요.

▶ _____

사업상 방문했습니다.

3. **Ирэх замдаа ядрав уу?** 이레흐 잠다- 야드랍오?
먼 길 오시느라 피곤하시지요?

▶ _____

네, 많이 피곤하네요.

4. **Та хаанаас ирсэн бэ?** 타 하-나-스 이르쌍 배?
어디에서 오셨어요?

▶ _____

한국에서 왔어요.

입국 신고서 작성하기

몽골로 입국할 때는 육로로 가든 항로로 가든 간단한 입국 신고서를 작성해야 한다. 한국-
몽골의 비행시간은 세 시간 반 정도로 보통 비행기 안에서 식사를 한 다음, 입국 신고서를
작성하는 시간이 있다. 기내에서 승무원이 입국 신고서를 나누어줄 때 작성해도 되고, 혹시
라도 기내에서 작성하지 못했다면 입국심사 전에 입국 신고서를 작성할 수 있는 테이블이
마련되어 있으니 그곳에서 작성하면 된다.

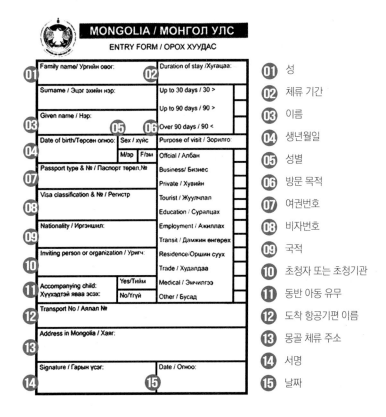

01 성
02 체류 기간
03 이름
04 생년월일
05 성별
06 방문 목적
07 여권번호
08 비자번호
09 국적
10 초청자 또는 초청기관
11 동반 아동 유무
12 도착 항공기편 이름
13 몽골 체류 주소
14 서명
15 날짜

02 | 제2과

이메일 야랄태 야올라흐 헤렉테- 밴
И-мэйл яаралтай явуулах хэрэгтэй байна
급한 메일을 보내야 합니다

대화

Минжон
민정:

얼렁 올싱 가르츠태 오타스 헤레글메-르 밴. 아락 밴 오?
Олон улсын гарцтай утас хэрэглэмээр байна. Арга байна уу?

국제전화를 사용하고 싶어요. 방법이 있을까요?

아질탕
Ажилтан
공항 직원:

인테르네트 에스웰 Wi- Fi 게즈 비치쌍 우룬드 어치오.
Интернэт эсвэл Wi- Fi гэж бичсэн өрөөнд очино уу.

Internet 아니면 Wi- Fi라고 쓰여 있는 곳으로 가세요.

Минжон
민정:

텐드 인테르네트 헤레글레즈 벌호? 야랄태 이메일 야올라흐 헤렉테- 벌러-드.
Тэнд интернэт хэрэглэж болох уу? Яаралтай имэил явуулах хэрэгтэй болоод.

그곳에서 인터넷도 사용할 수 있나요? 급한 메일을 보내야 해서요.

Ажилтан
공항 직원:

티메- 벌런. 주-우리잉 컴퓨트르테 벌 Wi- Fi 게쌍 우룬드 우일츨루울레-레-.
배흐귀 벌 인테르네트 게즈 비치쌍 우룬드 인테르네트 헤레글레즈 벌런. 가르 오츠니- 도 가-르 호달다즈 아우쓴오?
Тийм ээ болно. Зөөврийн компьютертой бол Wi- Fi гэсэн өрөөнд үйлчлүүлээрэй. Байхгүй бол интернэт гэж бичсэн өрөөнд интернэт хэрэглэж болно. Гар утасны дугаар худалдаж авсан уу?

네, 가능합니다. 노트북이 있으면 ㅉWi-Fi 카페를 이용하세요.
노트북이 없으면 Internet이라고 쓰인 Cyber Cafe에서 인터넷을 사용하실
수 있어요. 혹시 휴대전화 번호를 사셨나요?

Минжон
민정:

우귀, 아라이 호달다즈 아우치 차다-귀 밴. 하-나-스 호달다즈 아우치 벌러흐 왜?
Үгүй, арай л худалдаж авч чадаагүй байна. Хаанаас худалдан авч болох вэ?

아니요, 아직 구입하지 못했어요. 어디에서 구입할 수 있나요?

ажилтан
공항 직원:

도가-리익 스카이텔, 모비콤, 유니텔리잉 살브라-스 호달당 아우치 벌른.

Дугаарыг Скайтел, Мобиком, Юнителийн салбараас худалдан авч болно.

전화번호는 Skytel, Mobicom, Unitel 지점에서 구입하실 수 있어요.

Минжон
민정:

데이타 헤레글레-그 야즈 아와흐 왜?

Дата хэрэглээг яаж авах вэ?

데이터 사용은 어떻게 하나요?

ажилтан
공항 직원:

오르드칠상 툴부르트 카르틱 헤르겔득. 카르타- 호달다즈 아와-드 체네글레헤드 벌른.

Урдчилсан төлбөрт картыг хэрэглэдэг. Картаа худалдаж аваад цэнэглэхэд болно.

선불 충전식(Prepaid) 카드를 사용해요. 카드를 구입한 다음 충전하시면 돼요.

- 한국으로 전화 거는 법을 알려주세요.

  Солонгос руу яаж залгах вэ. 설렁거스로 야-즈 잘르가흐 왜.

- 전화요금이 얼마예요?

  Утасны төлбөр хэд вэ? 오츠니- 툴부르 헤드 왜?

- 휴대전화 유심을 구입하고 싶어요.

  Гар утасны сим карт авмаар байна.

  가르 오츠니- 심 카르트 아우마-르 밴.

- 충전 카드는 어디서 파나요?

  Цэнэглэгч карт хаана зардаг вэ? 체네글렉치 카르트 한 자르닥 왜?

- 충전 카드 사용법을 알려주세요.

  Цэнэглэгч карт хэрэглэх аргыг зааж өгөөч.

  체네글렉치 카르트 헤레글레흐 아르기익 자-즈 우거-치.

- 몽골의 국가번호가 무엇인가요?

  Монгол улсын дугаар хэд вэ? 몽골 올싱 도가-르 헤드 왜?

- 976입니다. **Есөн зуун далан зургаа.** 유승 조옹 달릉 조르가-.

- 인터넷을 사용할 수 있나요?

  Интернет хэрэглэж болох уу? 인테르네트 헤레글레즈 벌호?

- Wi-Fi 비밀번호를 알려주세요.

  Wi-Fi ын нууц дугаараа хэлж өгөөч.

  WiFi잉 노-츠 도가-라- 힐즈 우거-치.

- Wi-Fi 연결이 안 돼요.

  Wi-Fi холбогдохгүй байна. WiFi 헐벅더흐귀 밴.

단어

보내다	явуулах	야올라흐	국제	олон улс	얼렁 올스
급하게, 급한	яаралтай	야랄태	또는	эсвэл	에스웰
사용하다, 쓰다	хэрэглэх	헤레글레흐	방법	арга	아락
전화기, 실	утас	오타스	노트북	зөөврийн компьютер	주-우리잉 컴퓨트르
충전하다	цэнэглэх	체네글레흐	전화를 걸다	залгах	잘르가흐
어떻게	яаж	야즈	전화를 받다	утас авах	오타스 아와흐
비밀번호	нууц дугаар	노-츠 도가-르	전화를 끊다	утсаа таслах	오차- 타슬라흐
연결되다	холбогдох	헐벅더흐	통화 중이다	утсаар ярьж байх	오차-르 얘래즈 배흐
답장을 받다	хариу авах	해로 아와흐	전화가 오다	утас дуугарах	오타스 도-가라흐

문법과 활용

➡ 간접화법(-라고 하다)

гэх 게흐라는 기본동사로, 어떤 일에 대해서 간접적으로 전해 들었다는 의미를 나타낸다. 문장에서 아래와 같이 다양하게 사용된다.

(1) гэнэ 게네: гэж хэлнэ 게즈 힐른의 줄임말

> **예** 오늘 비가 온다고 합니다. **Өнөөдөр бороо орно гэнэ.**
> 우노드르 버러- 어른 게네-.

(2) гэсэн 게승: гэж хэлсэн 게즈 힐승의 줄임말

> **예** '내일은 추워진다'라고 말했다. **'Маргааш хүйтэн болно' гэсэн.**
> 마르가쉬 휘틍 벌른 게승.

(3) гэдэг 게득: гэж хэлдэг 게즈 힐득의 줄임말

> **예** 저는 바트라고 합니다. **Намайг Бат гэдэг.** 나맥 바트 게덕.

(4) гэж 게즈: '~라고/~라는'이라는 뜻

 Internet이라고 쓰여 있는 방에서 인터넷을 사용하실 수 있어요.
Интернэт гэж бичсэн өрөөнд интернэт хэрэглэж болно.
인테르네트 게즈 비치쓩 우룬드 인테르네트 헤레글레즈 벌른.

연습하기

 다음 질문에 몽골어로 대답해보자.

1. **Интернэт хэрэглэж болох уу?**
인테르네트 헤레글레즈 벌호?
인터넷을 사용할 수 있나요?

▶ _____

오칠라래, 인테르네트 헐벅더흐귀 밴.
죄송하지만, 인터넷 연결이 안 돼요.

2. **Та хаашаа ярих вэ?** 타 하-샤 얘르흐 왜?
어디로 전화합니까?

▶ _____

설렁거스로 얘르흐 게즈 밴.
한국에 전화하려고 합니다.

3. **Солонгос улсын дугаар хэд вэ?** 설렁거스 올싕 도가-르 헤드 왜?
한국 국가번호가 무엇인가요?

▶ _____

나잉 허여르.
82입니다.

4. **Интернет төв хаана байна?** 인테르네트 투우 한 밴?
인터넷 센터가 어디에 있나요?

▶ _____

주웅 가르 티셰 야와래.
왼쪽으로 가세요.

비자 발급 및 신청서

대한민국 사람이 몽골을 가려면 비자를 받아야 한다. 비자 신청은 여행사 등을 통해서도 할 수 있지만, 주한 몽골 대사관 영사과에 직접 방문해서 신청해도 어렵지 않다. 주한 몽골 대사관은 용산에 위치해 있다.

비자를 신청할 때 필요한 서류는 여권, 사진 1매, 신청서이다. 비자 수수료는 비자의 종류에 따라 다르며, 수수료는 현금이나 카드를 받지 않으므로 꼭 계좌로 입금해야 한다. 참고로 몽골 영사과의 건물 바로 옆에 NH농협 한강로 지점이 있다. 대사관에 방문하면 비치되어 있는 샘플을 보고 비자 신청서를 작성하면 된다.

주한 몽골 대사관 비자과

- **주소:** 서울특별시 용산구 한강로3가 40-147 신세기한덕빌딩 5층
- **비자 업무:** 월~금, 오전 10:00~12:00, 오후 1:30~4:00
- **Tel:** 02-792-5985~6　　　　- **Fax:** 02-792-5992
※ Bank name: 농협은행 / NH Bank
　 Bank account: 3010128347321

〈비자 신청서〉

03 | 제3과

타닐츠쌍다- 타-태 밴
Танилцсандаа таатай байна
처음 뵙겠습니다

Минжон
민정:

샌 배찬오? 아이티허브 커레아가-스 이르쌍 조민정 밴.
Сайн байцгаана уу?
АйТи хоб кореагаас ирсэн Жу Минжон байна.
안녕하세요. IT허브코리아에서 온 조민정입니다.

나링- 비칙치
Нарийн бичигч
비서:

샌 밴오? 야마르 헤르게-르 이르쌍 배?
Сайн байна уу? Ямар хэргээр ирсэн бэ?
안녕하세요. 어떤 일로 오셨나요?

Минжон
민정:

두루웅 착트 아나르태 오올자하-르 터히르성 욤아-.
4цагт Анартай уулзахаар тохирсон юм аа.
4시에 아나르 씨와 만나기로 약속이 되어 있습니다.

Нарийн бичигч
비서:

투르 훌레-즈 배가-래. 이르쌍 게즈 담조올리.
Түр хүлээж байгаарай. Ирсэн гэж дамжуулъя.
네, 잠시만 기다려주십시오. 오셨다고 말씀드리겠습니다.

잠시 후 **Хэсэг хугацааны дараа**
헤섹 혹차-니- 다라-

Анар
아나르:

샌 밴오? 후렐-게셍드 오-칠라래. 어른 오.
Сайн байна уу? Хүлээлгэсэнд уучлаарай.
Орно уу.
안녕하세요. 기다리시게 해서 죄송합니다. 들어오세요.

Минжон
민정:

앙흐 오올자즈 배가-다- 바야르태 밴. 비 아이티허브 커레아깅 박잉 다락 조민정 밴.
엔 미니- 네링 호-다스.
Анх уулзаж байгаадаа баяртай байна.
Би АйТи хоб кореагийн багийн дарга Жу
Минжон байна. Энэ миний нэрийн хуудас.
처음 뵙겠습니다. 저는 IT허브코리아 팀장 조민정입니다. 제 명함입니다.

Анар
아나르:

칭기스 아이티 배골락잉 구이제트게흐 자히랄 아나르 밴. 타닐츠쌍다 타-태 밴.
Чингис АйТи байгууллагын гүйцэтгэх захирал
Анар байна. Танилцсандаа таатай байна.
칭기스IT 아나르 부사장입니다. 만나서 반갑습니다.

- 만나서 반갑습니다. **Танилцсандаа таатай байна.**
  타닐츠쌍다- 타-태 밴.

- 초대해주셔서 감사합니다. **Урьсанд баярлалаа.** 오리쌍드 바야를라-.

- 마중 나와주셔서 감사합니다. **Угтан ирсэнд баярлалаа.**
  옥탕 이르쌍드 바야를라-.

- 약속 시간을 바꿀 수 있을까요?
  Уулзалтын цагаа өөрчилж болох уу?
  오올잘팅 착아- 우-르칠즈 벌호?

- 교통체증으로 인해 도착 시간이 늦어질 것 같습니다.
  Замын бөглөрлөөс болж хоцорч очих юм шиг байна. 잠잉 부글룰루-스 벌즈 허처르치 어치흐 욤식 밴.

- 늦어서 죄송합니다. **Хоцорсонд уучлаарай.** 허처르쌍드 오칠라-래-.

- 명함을 하나 주실 수 있으신가요?
  Нэрийн хуудаснаасаа нэгийг өгч болох уу?
  네리잉 호-다스나-사- 넥익 우거츠 벌호?

- 명함 가져오는 것을 깜빡했어요.
  Нэрийн хуудсаа авчрах байсныг мартжээ.
  네리잉 호-드사- 아우치라흐 배스니익 마르트제-.

단어

~이 되다, 알맞다	тохирох	터히러흐	전하다	дамжуулах	담졸라흐
기다리다	хүлээх	훌레-흐	명함	нэрийн хуудас	네리잉 호-다스
사장	дарга, захирал	다락, 자히랄	부사장	гүйцэтгэх захирал	구이체트게흐 자히랄
서로 인사하다, 알게 되다	танилцах	타닐차흐	만나다	уулзах	오올자흐
바꾸다, 변경하다	өөрчлөх	우-르츨르흐	교통체증	замын бөглөрөл	잠잉 부글루를

늦다	хоцрох	허츠러흐	가져오다	авчрах	아우치라흐
일, 업무, 용건, 필요, 범죄	хэрэг	헤렉	잊다	мартах	마르타흐
초대하다	урих	오리흐	맞다, 마중	угтах	옥타흐

■▶ 목적연결어미

хаар хээр хоор хөөр: ~하러/~하기 위해(서)

동사 뒤에 연결해서 동작의 행위나 목적을 나타내는 표현으로 쓰인다.

예 ▶ 저는 당신을 만나러 왔어요. **Би тантай уулзахаар ирсэн.**
비 탄태 오올자하르 이르씅.

영화 보러 갈 거예요. **Кино үзэхээр явна.** 키노 우제헤르 야운.

연습하기

 빈 칸에 들어갈 알맞은 단어를 골라보자.

> a. **идэх**(먹다) b. **хайх**(찾다) c. **явах**(가다)
> d. **хийх**(하다) e. **баярлах**(기뻐하다)

1. **Орой болсон болхоор болгоомжтой** _____.
밤이 되어서 조심히 _____

2. **Би лавлах төвийг** _____ **байна.**
저는 안내 센터를 _____

3. **Би маш их** _____ **байна.**
저는 너무 _____

4. **Та ямар ажил** _____ **вэ?**
어떤 일을 _____

5. **Та өдрийн хоолоо** _____ **уу?**
점심 _____

119

예절 TIP - 준수사항 & 금기사항

- 몽골에서는 오른손으로 음식과 음료를 주고받으며, 왼손은 음식이 무거울 때나 오른팔을 지탱하는 데 사용한다. 몽골인들은 모든 것을 오른손으로 주고받는데 오른손에 좋은 에너지가 모여 있다고 믿기 때문이다. 반대로 왼손은 부정적인 에너지가 있다고 믿는다.

- 몽골인의 집에 방문하면 물을 마시거나 고기를 바로 먹으면 안 된다. 물을 '까만 물'이라고 하며 불길하게 여기기 때문이다. 하얀 음료인 수테차를 먼저 마셔야 한다. 차를 마시기 전까지는 테이블에 놓지 않으며, 받는 즉시 마신다. 또한 음식이 입에 맞지 않더라도 시식 혹은 시음을 한다.

- 컵 밑을 만지고 컵 위 가장자리는 만지지 않는다.

- 타인의 발을 밟았을 경우 즉시 악수를 청한다. 발을 밟으면 서로 사이가 나빠진다고 생각하기 때문이다.

- 물건을 전달할 때에는 집게손가락과 가운데손가락으로 집어서 주면 안 된다. 상대방을 무시한다고 생각하기 때문이다.

- 선물을 줄 때에는 꼭 두 종류 이상을 줘야 하는데, 한 가지만 주면 허전하다고 생각하기 때문이다.

- 상대방에게 칼끝을 겨누지 않으며 칼은 손잡이 쪽으로 전달한다.

- 식사 중에 밖으로 나가지 않고 모든 사람의 식사가 끝날 때까지 대기한다. 식사 중 다리를 포개지 않는다.

- 연장자 앞에서 걷지 않고, 사원의 제단이나 종교적 대상에게 등을 보이지 않는다.(사원을 떠날 때는 제외)

- 난로, 제단 혹은 타인에게 손가락질을 하지 않으며, 게르에서 발은 입구를 향하여 눕는다.

- 타인의 모자를 만지지 않는다. 몽골인은 모자와 허리띠를 매우 소중히 여기는데 주인의 영혼이 함께한다고 믿는다.

- 다른 사람을 향해 손가락으로 가리키거나 손가락을 흔들어대지 않는다. 이는 상대하는 사람을 불쾌하게 만들고 무시하는 행위로 본다.

04 제4과

해로츠쌍 아질탕그 타닐촐리
Хариуцсан ажилтанг танилцуулья
책임자를 소개합니다

대화

Минжон
민정:

엔 훅찬-드 메일레-르 하리츠득 배상, 인게-드 오올자즈 배가-다- 마시 이흐 바야르태 밴.

Энэ хугацаанд мейл-ээр л харьцдаг байсан, ингээд уулзаж байгаадаа маш их баяртай байна.

그동안 메일로만 연락드렸었는데, 이렇게 직접 뵈어서 더욱 반갑습니다.

Анар
아나르:

비 엔 오다-깅 게레- 배골-라흐 아즐릭 해로차즈 배가- 구이체트게흐 자히랄 아나르 밴. 엔 오다-깅 투슬릭 해로차즈 배가- 바트 게덕 바잉 다르긱 타닐촐리.

Би энэ удаагийн гэрээ байгуулах ажлыг хариуцаж байгаа гүйцэтгэх захирал Анар байна. Энэ удаагийн төслийг хариуцаж байгаа Бат гэдэг багийн даргыг танилцуулья.

제가 이번 계약을 담당하는 부사장 아나르입니다.
이번 프로젝트를 담당할 바트 팀장을 소개합니다.

Минжон
민정:

앙 티무. 박잉 다르가- 타닐츠쌍다- 타-태 밴.

Аан тийм үү. Багийн дарга аа. Танилцсандаа таатай байна.

아, 그러셨군요. 반갑습니다. 팀장님.

Анар
아나르:

마내 자히랄 엔 오다-깅 아질 데-르 앙하-랄 이흐 태위즈 배가-.

Манай захирал энэ удаагийн ажил дээр анхаарал их тавьж байгаа.

저희 사장님께서 이번 건에 대해 관심이 많으십니다.

Минжон
민정:

새항 메데- 밴. 마내 탈라-스 치 게승 이흐 내드와르 태위즈 배가-.

Сайхан мэдээ байна. Манай талаас ч гэсэн их найдвар тавьж байгаа.

반가운 소식이군요. 저희 쪽에서도 기대를 많이 하고 있습니다.

Анар
아나르:

어더- 마내 아질링 가즈라-르 함트다- 야우즈 우즌게- 아질치다- 타닐촐리.

Одоо манай ажлын газраар хамтдаа явж үзэнгээ ажилчидаа танилцуулъя.

그럼 이제 저희 회사를 함께 둘러보며 직원들을 소개해드리겠습니다.

Минжон
민정:

티기. 야마르 후무-스테 함트라치 아질라하- 하라힉 후세츠 밴.

Тэгье. Ямар хүмүүстэй хамтарч ажиллахаа харахыг хүсч байна.

좋습니다. 어떤 분들과 함께할지 기대됩니다.

Анар
아나르:

테그웰 이셰- 함트다 야우츠가이.

Тэгвэл ийшээ хамтдаа явцгаая.

네. 그럼 이쪽으로 함께 가시죠.

- 상품 기획을 담당하고 있는 김민성입니다.

Бүтээгдэхүүний төлөвлөгөөг хариуцан ажиллаж байгаа Ким Мисон байна.

부텍-데후-니- 툴루울루거-그 해로창 아질라즈 배가- 김민성 밴.

- 이메일로 연락드렸던 김미소입니다.

И мейлээр холбогдож байсан Ким Мисо байна.

이 메일레-르 헐벅더즈 배쓩 김미소 밴.

- 저희 팀을 소개합니다. **Багаа танилцуулъя.** 박아- 타닐촐리.

- 어느 팀에서 일하십니까? **Аль багт ажилдаг вэ?** 앨르 박트 아질닥 왜?

- 담당하시는 업무에 대해 말씀해주시겠습니까?

Хариуцсан ажлынхаа талаар ярьж өгнө үү?

해로츠쌍 아질링하- 탈라-르 얘래즈 우구누?

- 협력회사의 김용현 사장님이십니다.

Хамтарсан компанийн захирал Ким Юнхён байна.

함타르쌍 컴파니잉 자히랄 김용현 밴.

- 담당자가 바뀌었습니다. **Хариуцагч нь өөрчлөгдсөн.**

해로착치 느 우-르츨륵드승.

- 새로운 담당자를 소개합니다.

Шинэ хариуцагчийг нь танилцуулъя. 신 해로착치익 느 타닐촐리.

책임을 맡다	хариуцах	해로차흐	직원	ажилтан	아질탕
계약	гэрээ	게레-	(계약) 체결하다, 세우다	байгуулах	배골-라흐
관심, 주의	анхаарал	앙하-랄	기대, 믿음	найдвар	내드와르
사장	дарга	다륵	회장, 대통령	ерөнхийлөгч	유룬히륵츠
부회장	дэд ерөнхийлөгч	데드 유룬히 륵츠	국무총리	ерөнхий сайд	유룬히- 새드

123

재무 최고 책임자	**ерөнхий хариуцагч**	유룬히- 해로 착츠	국회의원	**их хурлын гишүүн**	이흐 호를링 기슝
과장	**хэсгийн дарга**	헤스기잉 다륵	팀장	**ахлагч**	아흘락치

문법과 활용

➡ **1인칭 종결어미 я, е, ё**

(1) (어떤 일을 하겠다고) 자신의 의지를 나타낼 때 (~할게)

> **예** 내가 쌀을 씻을게. 네가 감자를 깎아.
> **Би будаа угаая. Чи төмс арилга.** 비 보다- 오가이. 치 투무스 아릴그.

(2) 같이 행동할 것을 제안할 때 (~하자, 합시다)

> **예** 이 영화 보자. **Хамт кино үзье.** 함트 키노 우지.

(3) (어떤 일을) 요청하고 부탁할 때 (~할게요)

> **예** 저 당신에게 뭐 하나 부탁할게요. **Би танаас нэг юм гуйя.** 비 타나-스 넥 욤 고이.

연습하기

 빈 칸에 적절한 단어를 써서 대화를 완성하자.

1. **Танилцсандаа(**) **байна.** 타닐츠쌍다- _____ 밴.
   만나서 반갑습니다.

2. **Урьсанд(**). 오리쌍드 _____.
   초대해주셔서 감사합니다.

3. **Багийн гишүүдээ(**). 박잉 기슈데- _____.
   저희 팀원을 소개합니다.

4. **Энэ хүнийг Бат(**). 엔 후니익 바트 _____.
   이분은 바트입니다.

몽골의 명함

몽골인들은 명함을 주로 몽골어와 영어로 만들며, 회사명은 주로 영어로 쓴다. 사업상 몽골을 방문하는 한국인들은 영문 명함을 준비하면 된다. 한국어와 영어가 앞뒤로 적힌 명함도 좋다. 일반인들의 명함은 직업과 하는 일에 따라 다르지만 보통 공무원들의 명함에는 몽골을 상징하는 문양인 노란색 '소욤보 Соёмбо' 문양이 표시되어 있다. '소욤보'는 몽골인들에게 자유와 독립을 뜻하는 전통적인 표의문자이다.

몽골 회사 직급의 호칭

대기업의 직급

- 회장: Ерөнхийлөгч 유른힐륵치
- 이사회장: Захирлуудын Зөвлөлийн Дарга 자히를로-딩 주을링 다륵
- 수석회장: Тэргүүн дэд ерөнхийлөгч 테르궁 데드 유른힐륵치
- 부회장: Дэд ерөнхийлөгч 데드 유른힐륵치
- 사장: Компаний захирал 자히랄   - 부사장: Дэд захирал 데드 자히랄
- 전무: Гүйцэтгэх захирал 구이체트게흐 자히랄
- 부장: Хэлтсийн дарга 헬트싱 다륵   - 과장: Багийн дарга 박잉 다륵
- 대리: Ахлагч 아흘락치   - 사원: Ажилтан 아질탕

중소기업의 직급

- 사장: Захирал 자히랄   - 부장: Хэлтсийн дарга 헬트싱 다륵
- 과장: Тасгийн дарга 타스깅 다륵   - 사원: Ажилтан 아질탕

명함 예절 TIP

- 테이블이 있는 경우 상대방이 있는 곳으로 가서 명함을 교환한다.
- 명함은 두 손으로 주고받는 것이 예의다.
- 자신의 이름이 상대방 쪽에서 봤을 때 바르게 보이게 하고 건네면서 회사명과 부서명, 이름을 밝히면 OK!
- 명함은 아랫사람이 먼저 드리는 것이 비즈니스 매너!!
- 상대방이 먼저 줄 경우에는 "인사가 늦었습니다"라는 말을 덧붙이는 게 좋다.
- 상사와 함께 명함을 건넬 때는 상사가 건넨 다음에 건네자.
- 상대방의 이름을 읽을 수 없을 때는 그 자리에서 반드시 확인하기! 확인하지 않았다가 나중에 모르면 실례이다.

05 | 제5과

마내- 배골락 느 아이티허브 커레아.
Манай байгууллага нь АйТи хоб кореа.
저희 회사는 IT허브코리아입니다

대화

마내 아이티허브 커레아 느 망그 유승 조옹 이릉 타왕 언드 배골락드쌍 바 메데엘렐 테흐널러-기잉 살브링 투후-룸지익 가다-다드 가르가흐 뭉 터글러밍 신츨렐 데-르 걸렁 앙하-르치 아질득.

Минжон
민정:

Манай АйТи хоб кореа нь 1995онд байгуулагдсан ба мэдээлэл технологийн салбарын төхөөрөмжийг гадаадад гаргах мөн тоглоомын шинэчлэл дээр голлон анхаарч ажилдаг.

저희 IT허브코리아는 1995년에 설립되었으며, IT 분야 장비 수출과 게임 개발을 주 업무로 하고 있습니다.

티무. 차르 후레- 느 헤르 왜?

Анар
아나르:

Тийм үү. Цар хүрээ нь хэр вэ?

아! 그렇군요. 규모가 어느 정도인가요?

북드 고로왕 조옹 아질치드태 바 설렁거싱 걸 두루웅 허터드 살바르태.

Минжон
민정:

Бүгд 300 ажилчидтай ба солонгосын гол 4 хотод салбартай.

직원이 총 300명이며, 한국 주요 도시 네 곳에 지점이 있습니다.

후-흐~ 테흐널러깅 살바르트 벌 텀 헴제-니 욤 밴. 저힝 배골랄트 새태 배골락 사낙다즈 밴.

Анар
아나르:

Хөөх, Технологийн салбарт бол том хэмжээний юм байна. Зохион байгуулалт сайтай байгууллага санагдаж байна.

와, IT 분야에서는 큰 규모군요. 조직화가 잘된 기업인 것 같습니다.

바야를라. 비드니 저힝 부테-쌍 터글럼 생 버르롤락드스니 우르 둔.

Минжон
민정:

Баярлалаа. Бидний зохион бүтээсэн тоглоом сайн борлуулагдсаны үр дүн.

감사합니다. 저희가 개발한 게임이 잘 팔린 덕분입니다.

Анар
아나르:

아이티 커레아기잉 우일드웨를썽 투후-룸주-드 비유?

АйТи хоб кореагийн үйлдвэрлэсэн төхөөрөмжүүд бий юу?

IT허브코리아에서 직접 생산하는 장비들도 있나요?

Минжон
민정:

우귀, 배흐귀. 터넉 투후-룸주- 가다-다-스 어롤즈 이르즈 배가-.

Үгүй, Байхгүй. Тоног төхөөрөмжөө гадаадаас оруулж ирж байгаа.

아니요, 없습니다. 장비는 전량 수입하고 있습니다.

Анар
아나르:

오-칠라래, 질리잉 어를럭 느 헤드 어르침 배?

Уучлаарай, жилийн орлого нь хэд орчим бэ?

실례지만, 연간 매출액은 어느 정도인가요?

Минжон
민정:

운구르쌍 질리잉 어를럭 타왕 테르붐 원 배쌍.

Өнгөрсөн жилийн орлого 5 тэрбум вон байсан

지난해 매출은 50억 원이었습니다.

- 저희 회사는 2015년에 설립되었습니다.
  Манай байгууллага 2015онд байгуулагдсан.
  마내 배골락 허여르 망그 아르왕 타왕 언드 배골락드쌍.

- 전 세계 20개국에 저희 제품이 판매되고 있습니다.
  Манай бүтээгдэхүүн дэлхийн хорин оронд борлуулагдаж байгаа.
  마내 부텍-데훙 델힝 허링 어런드 버를롤락다즈 배가.

- 10여 종의 제품을 수출하고 있습니다.
  Арваад төрлийн бүтээгдэхүүн экспортлож байгаа.
  아르와-드 투를리잉 부텍-데훙 엑스퍼르털즈 배가.

- 저희는 국내보다 해외에 더 많은 직원을 둔 INGO입니다.
  Манайх дотоодоосоо гадаадад ажилчин олонтой төрийн бус олон улсын байгуулага юм.
  마내흐 더터-더-서- 가다-다드 아질칭 얼렁터- 투리잉 보스 얼렁 올싱 배골락 욤.

- 현재 몽골의 7개 지역에서 프로젝트를 진행 중입니다.
  Одоогийн байдлаар монгол улсын нутгийн долоон бүсэд төслөө хэрэгжүүлж байна.
  어더-기잉 배달라-르 멍걸 올싱 노트기잉 덜러엉 부세드 투슬러- 헤렉주울즈 밴.

- 몽골 NGO들과 협업하여 활동합니다.
  Монголын төрийн бус байгуулагуудтай хамтран үйл ажиллагаа явуулж байна.
  멍걸링 투리잉 보스 배골락고-드태 함트랑 우일 아질라가- 야올즈 밴.

- 사업을 더욱 다양화할 예정입니다.
  Үйл ажиллагаагаа улам олон төрлөөр хийх төлөвлөгөөтэй байна.
  우일 아질라가-가- 올람 얼렁 투를루-르 히-흐 툴루올루거-태- 밴.

단어

설립되다	байгуулагдах	배골락다흐	기술	технологи	테흐널럭
게임	тоглоом	터글럼	개발, 혁신	шинэчлэл	신츨렐
규모	цар хүрээ, Хэмжээ	차르 후레-, 헴제-	지점	салбар	살바르
조직	зохион байгуулалт	저헝 배골랄트	생산하다, 제조하다	үйлдвэрлэх	우일드웨를르흐
장비	тоног төхөөрөмж	터넉 투후-룸 주-	수입, 소득	орлого	어를럭
지출, 비용	зарлага	자를락	공급	нийлүүлэлт	니일룰렐트
수출	экспорт	엑스퍼르트	수입	импорт	임퍼르트
판매	борлуулалт	버를로올랄트	계획	төлөвлөгөө	툴루울루거-
홍보, 선전	сурталчилгаа	소르탈칠가-	주문, 예약	захиалга	자히알륵

문법과 활용

▶ 공동격(~와 함께)

몽골어의 공동격 조사/어미 '**тай, тэй, той**'는 한국어의 '와/과 같이'에 대응한다.
공동격은 어떠한 행동을 누군가와 같이, 함께한다는 뜻을 나타낸다. 공동격 조사/어미
는 모음조화 규칙에 따라 아래와 같이 단어에 연결한다.

> **тай**   а, у, я
> **тэй**   э, и, ө, ү
> **той**   о

(1) 누구와 '함께'라는 공동의 의미(with): **хэнтэй** 헨테

> **예** 당신은 누구를 만났어요? 오빠를 만났어요.
> **Та хэнтэй уулзсан бэ? Ахтай уулзсан.**
> 타 헨테 올즈썽 배? 아흐테 올즈썽.

(2) 무엇을 가지고 있다는 의미(have): **юутай** 요태

 저는 책을 가지고 있어요. **Би номтой.** 비 넘태.

(3) 나이를 물을 때: **ХЭДТЭЙ** 헤드테

 몇 살이에요? 서른두 살이에요.
Та хэдтэй вэ? Гучин хоёртой. 타 헤드테 왜? 고칭 허여르태.

연습하기

🔄Ⓐ 아래의 그림은 몽골의 신분증이다. 어떤 내용인지 파악해보자.

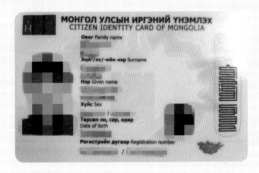

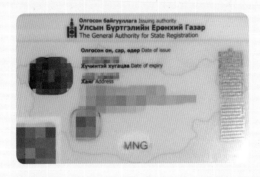

몽골 정부의 조직도

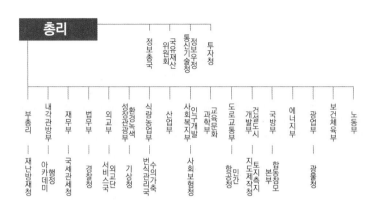

총리

정보총국 / 국유재산위원회 / 정보통신기술우정청 / 투자청

부총리 — 재난방재청
내각관방부 — 아카데미
재무부 — 행정
법무부 — 국세관세청
외교부 — 경찰청
환경녹색성장관광광업부 — 서비스국
식량농업부 — 외교단
산업부 — 기상청
사회복지부 — 번식관리국
인구개발 — 수의가축
교육문화과학부 — 사회보험청
도로교통부 — 항공청
건설도시개발부 — 민간
국방부 — 지도제작청
에너지부 — 지토지측지
광업부 — 합동참모본부
보건체육부 — 광물청
노동부

정부기구

- 재무부: **Сангийн яам** 상기잉 얌
- 법무부: **Хууль зүйн яам** 호올 주잉 얌
- 외교부: **Гадаад харилцааны яам** 가다-드 하릴차-니- 얌
- 식량농업부: **Үйлдвэр хөдөө аж ахуйн яам**
  우일드왜르 후도- 아즈 아호잉 얌
- 산업부: **Эдийн засгийн хөгжлийн яам** 에디잉 자스기잉 혹질리잉 얌
- 인구개발사회복지부: **Нийгмийн хамгааллын яам**
  니이그미잉 함가알링 얌
- 교육부: **Боловсролын яам** 벌럽스럴링 얌
- 도로교통부: **Зам тээврийн яам** 잠 테-웨리잉 얌
- 보건체육부: **Эрүүл мэндийн яам** 에루울 멘디잉 얌
- 노동부: **Хөдөлмөрийн яам** 후돌무리잉 얌
- 환경부: **Байгаль орчны яам** 배갈 어르츠니- 얌
- 광업부: **Уул уурхайн яам** 오올 오-르하잉 얌
- 에너지부: **Эрчим хүчний яам** 에르침 후치니- 얌
- 건설도시개발부: **Барилга, хот байгуулалтын яам**
  배릴락 허트 배고올랄팅 얌

정부 소속 기관

- 관세청: **Гаалийн ерөнхий газар** 가알리잉 유룬히- 가자르
- 국세청: **Улсын татварын ерөнхий газар**
  올싱 타트와링 유룬히- 가자르
- 대법원: **Улсын дээд шүүх** 올싱 데-드 슈-흐
- 경찰청: **Цагдаагийн ерөнхий газар** 착다-기잉 유룬히- 가자르
- 기상청: **Цаг уур, орчны шинжилгээний газар**
  착 오-르, 어르츠니- 신질게-니- 가자르
- 국가기록원: **Архивын ерөнхий газар** 아르히위잉 유룬히- 가자르
- 토지관리국: **Газар зохион байгуулалтын газар**
  가자르 저힝 배고올랄팅 가자르
- 광물청: **Ашигт малтмалын газар** 아식트 말트말링 가자르
- 국경수비총국: **Хил хамгаалах ерөнхий газар**
  힐 함가알라흐 유룬히- 가자르
- 사회보험청: **Эрүүл мэнд нийгмийн даатгалын газар**
  에루울 멘드 니그미잉 다-트갈링 가자르
- 사회복지청:
  Нийгмийн халамж, үйлчилгээний ерөнхий газар
  니그미 잉 할람즈, 우일칠게-니- 유룬히- 가자르
- 국적이민청(출입국관리사무소): **Гадаад иргэн, харьяатын газар**
  가다-드 이르겡, 하리야팅 가자르
- 민간항공청: **Иргэний нисэхийн ерөнхий газар**
  이르게니- 니스히잉 유룬히- 가자르

06 제6과 Бизнесийн үйл ажиллагаа явуулах гэж байна
사업을 진행하려고 합니다

비즈네싱 우일 아질라가- 야올라흐 게즈 밴

대화

Минжон
민정:

엔 질 멍걸드 비즈네싱 신 우일 아질라가- 야올라흐 게즈 배가-.
Энэ жил монголд бизнесийн шинэ үйл ажиллагаа явуулах гэж байгаа.

올해는 몽골에서 새로운 사업을 진행하려고 합니다.

Анар
아나르:

티무? 야마르 우일 아질라가- 야올하-르 벨데즈 배가- 왜?
Тийм үү? Ямар үйл ажиллагаа явуулахаар бэлдэж байгаа вэ?

그래요? 어떤 사업을 준비 중이신가요?

Минжон
민정:

멍걸링 배갈링 조라글랄 데-르 투시글렝 버디트 배들리익 토스가상 터글러엄 벨데즈 배가-.
Монголын байгалын зураглал дээр түшиглэн бодит байдлыг тусгасан тоглоом бэлдэж байгаа.

몽골의 자연경관을 배경으로 한 VR 기반 게임을 준비 중입니다.

Анар
아나르:

서니르헐테 욤 아-! 버더즈 배가- 가자르 비- 유?
Сонирхолтой юм аа! Бодож байгаа газар бий юу?

오! 흥미로운 일인데요! 생각하시는 장소가 있나요?

Минжон
민정:

아일락치드 이흐 어치덕 테렐지익 버더즈 밴.

Аялагчид их очдог Тэрэлжийг бодож байна.

관광객들이 많이 찾는 테를지 국립공원을 생각 중입니다.

Анар
아나르:

홉스굴 노-르 치 게셍 아일라-르 이흐 어치덕 가자르.

Хөвсгөл нуур ч гэсэн аялалаар их очдог газар.

홉스골 호수도 관광지로 유명합니다.

Минжон
민정:

아앙 티무! 새항 사나- 우고쓩드 바야를라. 칭기스 배골라깅 엔 질리잉 언츠거이 툴루울루거- 요 왜?

Аан тийм үү! Сайхан санаа өгсөнд баярлалаа. Чингис байгууллагын энэ жилийн онцгой төлөвлөгөө юу вэ?

아! 그렇군요! 좋은 정보 감사합니다.
칭기스IT의 올해 특별한 계획은 무엇인가요?

Анар
아나르:

비드 다르항 허터드 소달가-니 투우 배골라흐 툴루울루거-테 배가-.

Бид Дархан хотод судалгааны төв байгуулах төлөвлөгөөтэй байгаа.

저희는 다르항 시에 연구소를 설립할 계획입니다.

유용한 표현

- 몽골의 수도는 울란바토르입니다.
Монгол улсын нийслэл Улаанбаатар.
멍걸 올싱 니-슬렐 올란바-타르.

- 몽골은 몇 개의 아이막(주)으로 나뉘어 있나요?
Монгол улс хэдэн аймагт хуваагддаг вэ?
멍걸 올스 헤뎅 아이마트 호왁드득 왜?

- 다르항에서 사업을 진행하고 싶습니다.
Дархан хотод бизнесийн үйл ажиллагаа явуулмаар байна.
다르항 허터드 비즈네싱 우일 아질라가- 야올마-르 밴.

- 다르항 시에 대해 알고 싶습니다.

Дархан хотын талаар мэдмээр байна.

다르항 허팅 탈라-르 메드메-르 밴.

- 다르항 시는 울란바토르에서 220킬로 떨어진 위치에 있습니다.

Дархан хот нь Улаанбаатараас хоёр зуун хорин километрт оршдог.

다르항 허트 느 올란바-트라-스 허여르 조옹 허링 킬러메트르트 어르시득.

- 몽골과 중국의 국경지역의 이름은 무엇입니까?

Монгол Хятад хоёр улс хиллэдэг нутаг дэвсгэрийн нэр нь юу вэ?

몽골 햐타드 허여르 올스 힐렐득 노탁 뎁스게리잉 네른 요 왜?

- 관광객들이 가장 많이 찾는 곳이 어디인가요?

Жуулчдын хамгийн их очдог газар хаана байдаг вэ?

조올치딩 함기잉 이흐 어치득 가자르 한 배득 왜?

단어

사업, 활동	үйл ажиллагаа	우일 아질라가-	준비하다	бэлдэх	벨데흐
시행하다, 보내다	явуулах	야올라흐	재미있는	сонирхолтой	서니르헐테
생각	санаа	사나-	특별한	онцгой	언츠거이
수도	нийслэл	니-슬렐	살다, 생활하다	орших	어르쉬흐
도시	хот	허트	시골, 지방	хөдөө	후두-
도, 부족	аймаг	아이막	영토, 지역	нутаг дэвсгэр	노탁 뎁스게르
구역, 구	дүүрэг	두-렉	접경하다, 접하다	хиллэх	힐레흐
동	хороо	허러-	아파트	байр	배르
구	хороолол	허러얼럴	건물	байшин	배싱

문법과 활용

➡ ~하려고 하다. -x гэж байгаа. 게즈 배가./-x гэж байна. 게즈 밴.
~하려고 한다. -x гэсэн юм. 게씅 욤.

동사의 의도와 목적, 곧 일어날 움직임을 표현할 때 사용한다.

예
나는 식사를 하려고 한다. Би хоол идэх гэсэн юм. 비 허얼 이드흐 게승 욤.
자려고 한다. Унтах гэж байна. 온타흐 게즈 밴.

연습하기

알맞은 것을 서로 연결하자.

A. хот •   • a. 도

B. аймаг •   • b. 시골

C. хороо •   • c. 구역

D. дүүрэг •   • d. 동

E. хөдөө •   • e. 도시

몽골의 이동통신사

몽골은 국내외 전화, 인터넷이 가능하고 통신 사정이 비교적 좋은 편이다. 1999년부터 휴대전화가 보급되었으며, 현재 모비콤, 스카이텔, 유니텔, 지모바일 등 네 개의 이동통신 회사가 있다.

모비콤: http://www.mobicom.mn
모비콤은 몽골 최초의 이동통신 사업자로 1996년에 설립된 몽골과 일본의 합작 회사이며 몽골 내 1위 이동통신사다. 모비콤은 이동통신 이외에도 국제전화, 인터넷, 위성통신 서비스 등을 제공하고 있으며, 몽골 전역 366개 지역에 서비스를 제공하고 있다. 시내는 물론 시골이나 먼 마을까지 어디에서나 통신이 잘 되기 때문에 많은 사람들이 모비콤을 이용한다. 단 다른 통신사들과 비교하면 요금이 비싼 편이다.

스카이텔: http://www.skytel.mn
스카이텔은 1999년 한국 SK텔레콤이 몽골 기업과 대한전선과 지분 합작 형태로 몽골에 설립한 이동통신 회사이며 현재 몽골 내 2위 이동통신 회사이다. 한국 단말기를 몽골에서도 사용할 수 있기 때문에 한국인이 가장 많이 이용하는 곳이다. 한글 문자 메시지 사용이 가능하다는 것이 가장 큰 장점이다.

유니텔: http://www.unitel.mn
유니텔은 2006년에 설립되었으며 모비콤과 스카이텔보다 가격이 싸서 많은 사람들이 사용한다. 유니텔은 시내를 벗어나면 사용이 잘 안 되는 지역이 많다 보니 울란바토르 시내에 사는 사람들이 선호한다.

지모바일: http://www.gmobile.mn
지모바일은 2007년에 설립되었으며, 사용료가 저렴하지만 잘 터지지 않는 지역이 많아 사용이 잘되는 지역의 사람들만 선택하는 편이다.

요금 납부 방식에는 선불제와 후불제가 있는데, 외국인들은 보통 선불제(카드 충전 방식)를 사용한다. NEGJ(니그찌)라고 불리는 선불제 충전 카드는 대리점이나 상점에서 구매가 가능하며 500투그릭부터 10,000투그릭까지 다양하다.
한국에서 사용하던 스마트폰을 현지에서도 사용하려면 우선 '컨트리 락'을 해제해야 한다. 한국의 각 통신사에 문의하면 해제가 가능하며 몽골 통신사의 SIM 카드를 구입하면 현지에서도 사용할 수 있다.

07 | 제7과

앨르 부스 노탁 새항 배?

Аль бүс нутаг сайхан бэ?
어느 지역이 좋을까요?

대화

비드 엔 오다- 칭기스아이티 배골라가드 VR 터글러-믹 부테-흐 아질드 해릴창 토슬랄차즈 아질라히익 사날 벌거즈 밴.

Минжон
민정:

Бид энэ удаа Чингис Аи Ти байгууллагад VR тоглоомыг бүтээх ажилд харилцан туслалцаж ажиллахыг санал болгож байна.

저희는 이번에 칭기스IT에 VR게임 개발 제휴를 제안하고 싶습니다.

저-흥…… 터더르허이 탤바를라즈 우구누?

Анар
아나르:

Жоохон…… тодорхой тайлбарлаж өгнө үү?

음…… 좀 더 구체적으로 설명해주실 수 있나요?

에흘레-드 테를지 치글렐링 아일랄링 조라글랄라-르 멍걸 올사드 아일라즈 배흐 우이드 가르치 벌러흐 우일 야우들로-다-르 세뎁올렝 버디트 메트 우제즈 메드레흐 벌럼즈터 이거-르 히-흐 툴루올루거-테- 밴.

Минжон
민정:

Эхлээд Тэрэлж чиглэлийн аяллын зураглалаар Монгол улсад аялж байх үед гарч болох үйл явдлуудаар сэдэвлэн, бодит мэт үзэж мэдрэх боломжтойгоор хийх төлөвлөгөөтэй байна.

우선 테를지 관광 코스를 배경으로 몽골을 관광하면서 일어날 수 있는 다양한 에피소드를 간접 체험할 수 있게 설계할 예정입니다.

Анар
아나르:

마내 배골락태 함트라치 아질라흐 언츠거이 샬트가앙 배가-요?

Манай байгууллагатай хамтарч ажиллах онцгой шалтгаан байгаа юу?

저희 회사와 제휴하고자 하는 특별한 이유가 있습니까?

Минжон
민정:

칭기스 아이티킹 네르 누-르 마내 터글러-밍 소르탈칠강-드 이흐 토스 벌러흐 배흐 게즈 버드쑝 욤.

Чингис Ай Тигийн нэр нүүр манай тоглоомын сурталчилгаанд их тус болох байх гэж бодсон юм.

칭기스IT의 인지도와 이름이 저희 게임 홍보에 큰 도움이 될 거라고 생각하기 때문입니다.

Анар
아나르:

타 부흥 메데즈 배가-츨랑 비드 어더-그 후르텔 터글러-밍 살바르트 텀 얼럴트 암질트 얼러-귀 배가.

Та бүхэн мэдэж байгаачлан бид одоог хүртэл тоглоомын салбарт том ололт амжилт олоогүй байгаа.

아시다시피 저희는 아직까지 게임 분야에서는 큰 성과를 거두지 못했습니다.

Минжон
민정:

사나- 저월트귀. 주우슈-르월 차드와를락 박잉 아흘락츠, 프로그람칭 허여르 아질트나-터밀럴터-르 이루울레흐 게즈 배가.

Санаа зоволтгүй ээ. Зөвшөөрвөл чадварлаг багийн ахлагч, программчин 2 ажилтнаа томилолтоор ирүүлэх гэж байгаа.

걱정하지 않으셔도 됩니다. 동의하신다면 능력 있는 팀장 프로그래머 두 명을 파견할 예정입니다.

Анар
아나르:

비덴드 사난-드 박탐귀 사날 밴!

Бидэнд санаанд багтамгүй санал байна!

와! 저희에게는 파격적인 제안인 것 같습니다.

- 몽골의 도시 중 수출업을 하기에 좋은 도시는 어디입니까?

Монгол улсын хотуудаас аль хотод нь экспортын үйл ажиллагаа явуулбал дээр вэ?

멍걸 올싱 허토-다-스 앨르 허터드 느 엑스퍼르팅 우일 아질라가 야올발 데-르 왜?

- 몽골에서 산업이 발달한 지역을 알려주세요.

Монголын аж үйлдвэр хөгжсөн нутаг дэвсгэрийг хэлж өгөөч.

멍걸링 아즈 우일드왜르 훅즈승 노탁 뎁스게리익 헬즈 우거-치.

- 애르데넷 시의 시장조사를 할 예정입니다.

Эрдэнэт хотын зах зээлийн судалгааг хийх төлөвлөгөөтэй байна.

에르데네트 허팅 자흐 제엘링 소달가-그 히-흐 툴루올루거-테- 밴.

- 유통이 편리한 지역을 추천해주십시오.

Эргэлтэнд тохиромжтой нутаг дэвсгэрийг санал болгооч.

에르겔텐드 터히럼지터이 노탁 뎁스게리익 사날 벌거-치.

- INGO의 사업장이 어느 지역에 많이 있나요?

Төрийн бус олон улсын байгууллага төвлөрсөн нутаг дэвсгэрүүд их бий юу?

투리잉 보스 얼렁 올싱 배골락 투울루르송 노탁 뎁스게루-드 이흐 비- 유?

- 저희 기관이 몽골에서 여성교육 사업을 하려면 어느 지역이 좋을까요?

Манай байгууллага Монголд эмэгтэйчүүдийн сургалтын бизнес эрхэлвэл аль нутаг дэвсгэр зүгээр вэ?

마내 배골락 멍걸드 에멕테-추-디잉 소르갈팅 비즈네스 에르헬웰 앨르 노탁 뎁스게르 주게-르 왜?

- 이 지역에 꼭 필요한 시설은 무엇입니까?

Энэ нутаг дэвсгэрт зайлшгүй хэрэгтэй байгууламж юу вэ?

엔 노탁 뎁스게르트 쟬시귀 헤렉테- 배고올람즈 요 왜?

단어

지역	бүс нутаг	부스 노탁	좋은, 아름다운	сайхан	새항
개발하다	Бүтээх	부테-흐	협조하다	харилцан туслах	해릴창 토슬라흐
제안하다, 추천하다	санал болгох	사날 벌거흐	자세히, 구체적으로	тодорхой	터더르허이
방향, 방면	чиглэл	치글렐	느끼다	мэдрэх	메드레흐
측량	зураглал	조라글랄	사건, 행동	үйл явдал	우일 야우달
이유	шалтгаан	샬트가앙	도움이 되다	тус болох	토스 벌러흐
아직까지, 지금껏	одоог хүртэл	어더그 후르텔	성과, 성공	амжилт	암질트
얻다, 이해하다	олох	얼러흐	걱정하다	санаа зовох	사나 저워흐
동의하다, 허락하다	зөвшөөрөх	주우슈-르흐	능력 있는	чадварлаг	차드와를락
팀장	багийн ахлагч	박잉 아흘락츠	파격적인	санаанд багтамгүй	사난-드 박탐귀
제안	санал	사날	가능성, 기회	боломж	벌럼즈
공장, 공업	үйлдвэр	우일드웨르	지원하다, 돕다	дэмжих	뎀지흐

문법과 활용

■▶ 만약 ~라면(가정)

동사어간에 **–вал⁴ (–бал⁴)**을 연결하여 '~라면'이라는 가정이나 조건의 의미를 나타내
는데, 동작이나 행위가 행해지는 때를 나타내는 경우가 많다.

–вал⁴은 동사어간이 모음 또는 **В, Л, М, Н** 이외의 자음으로 끝나는 경우에 연결하고,
–бал⁴은 동사어간이 **В, Л, М, Н**으로 끝나는 경우에 연결하여 사용한다.

> **예** ▶ 가면 **явбал** 야우발, 오면 **ирвэл** 이르월
>
> 오빠가 오면 저한테 말해주세요.
> **Ахыг ирвэл та надад хэлээрэй.**
> 아힉 이르월 타 나다드 헬레레.
>
> 내일 비가 오면 저는 가게에 안 갈 거예요.
> **Маргааш бороо орвол би дэлгүүр явахгүй.**
> 마르가-쉬 버러- 어르월 비 델-구르 야와흐귀.

연습하기

 다음 문장을 몽골어로 써보자.

1. 좀 더 구체적으로 설명해주시겠어요?

_____

2. 걱정하지 않으셔도 됩니다.

_____

몽골리안타임

Mongolian time - 몽골 사람들의 시간관념

한국 사람들에게 코리안타임이 있듯이 몽골에도 몽골리안타임이 있다. 몽골 사람들은 약속 시간을 잡으면 한 시간은 기본으로 늦는 경우가 많다. 몽골을 방문하여 약속을 잡으면 한국 사람들은 제시간에 와도 몽골 사람들은 조금씩 늦는 경우가 있다. 그럴 때 한국 사람이 "왜 이렇게 늦었어?" 하고 물어보는 경우가 종종 있는데, 몽골 사람들은 시간의 중요성보다는 상대방과의 만남을 위해 나왔다는 것이 더 중요하다고 생각한다.

몽골 사람들끼리도 서로 약속 시간을 지키지 않기 때문에 약속 시간을 잡을 때 "오전에 만나자" 또는 "오후에 만나자"라는 식으로 여유롭게 잡을 때가 많다. 몽골 사람이 약속 시간에 늦더라도 이런 그들의 문화를 이해하고 좀 더 느긋하고 여유로운 마음으로 상대를 대해야 할 것이다.

공공기관의 경우도 보통 9시부터 업무 시작이라고는 하지만, 실제로는 9시 반이나 좀 더 늦게 업무를 시작하는 경우가 많다. 그렇지만 몽골 사람들은 이에 대해 불평하지 않고 그러려니 하고 기다린다. 이를 처음 접하는 한국인들이라면 아마 이러한 모습을 보고 많이 놀랄 것이다.

08 | 제8과

어레 요 이드흐 왜?
Орой юу идэх вэ?
저녁에 무엇을 먹을까요?

대화

Минжон
민정:

닌진 자히를링 게르 불릭 오리쓩 요마-. 야마르 허얼러-르 댈쓰는 데-르 왜?

Нинжин захирлын гэр бүлийг урьсан юмаа. Ямар хоолоор дайлсан нь дээр вэ?

닌진 사장님 가족을 초대했습니다. 어떤 음식을 대접하는 게 좋을까요?

Анар
아나르:

멍걸초-드 이헹흐데 마흐 이드득.

Монголчууд ихэнхдээ мах иддэг.

몽골 사람들은 주로 고기를 먹습니다.

Минжон
민정:

티무? 설렁거스 허얼 이드즈 차다흐 벌로?

Тийм үү? Солонгос хоол идэж чадах болов уу?

그래요? 한국 음식은 드시기 어려울까요?

Анар
아나르:

에흘레-드 할롱 너거-테 허얼 생 이드득 우궉 메데흐 느 데-르 배흐.

Эхлээд халуун ногоотой хоол сайн иддэг үгүйг мэдэх нь дээр байх.

먼저 매운 음식을 잘 드시는지 알아보시는 것이 좋을 것 같습니다.

Минжон
민정:

테른 데-르 배흐. 나리잉 비츠킹 다르가-스 자히를링 도르태 허얼리익 메데-드 우거-치.

Тэр нь дээр байх. Нарийн бичгийн даргаас нь захиралын дуртай хоолыг мэдээд өгөөч.

그게 좋겠군요. 비서를 통해 사장님이 좋아하시는 음식을 좀 알아봐주세요.

Анар
아나르:

자 테기-.

За тэгье.

네, 알겠습니다.

Минжон
민정:

멍걸 후무-스테- 함트 허얼러허드 자-왈 메데흐 요스 조람 비-유?

Монгол хүмүүстэй хамт хооллоход заавал мэдэх ёс журам бий юу?

몽골 사람들과 식사할 때 꼭 지켜야 할 예절이 있나요?

Анар
아나르:

언츠거일즈 사히흐 주일 배흐귀 치 유룬히-두- 허얼 이드힝 우문 수-테채 오-득.

Онцгойлж сахих зүйл байхгүй ч ерөнхийдөө хоол идэхийн өмнө сүүтэй цай уудаг.

특별히 지켜야 할 건 없지만, 음식을 먹기 전에 수테차를 먼저 마시는 것이 일반적이에요.

유용한 표현

- 어떤 음식을 좋아하십니까?
  Ямар хоолонд дуртай вэ? 야마르 허얼런드 도르태 왜?

- 몽골의 식사 예절은 어떻습니까?
  Монголчуудын хооллох ямар ёс байдаг вэ?
  멍걸초-딩 허얼러흐 야마르 요스 배닥 왜?

- 몽골의 전통 음식을 소개해주세요.
  Монгол үндэсний хоолыг танилцуулаач.
  멍걸 운데스니- 허얼리익 타닐초울라-치.

- 몽골 사람들이 가장 좋아하는 고기는 무엇입니까?
  Монгол хүмүүсийн хамгийн дуртай мах юу вэ?
  멍걸 후무-싱 함기잉 도르태 마흐 요 왜?

- 한국 음식을 드셔보셨습니까?
  Солонгос хоол идэж үзсэн үү? 설렁거스 허얼 이드즈 우즈슨우?

- 불편한 점이 있으면 말씀해주세요.
  Тухгүй байвал хэлээрэй. 토흐귀 배왈 헬레-레-.

- 술을 드십니까? **Архи уудаг уу?** 애리흐 오-득 오?

- 괜찮으시다면, 한잔 드려도 될까요?
  Ганц хундага баривал зүгээр үү? 간츠 혼닥 배리왈 주게-루?

- 몽골에서 가장 많이 먹는 술은 무엇인가요?
  Монголд хамгийн их уудаг архи ямар архи вэ?
  멍걸드 함깅 이흐 오-닥 애리흐 야마르 애리흐 왜?

사장	захирал	자히를	초대하다	урих	오리흐
대접하다	дайлах	댈-라흐	더 나은	дээр	데-르
주로, 대체로	ихэнхдээ	이헹흐데	과일	жимс	짐스
매운 음식	халуун ногоотой хоол	할롱 너거-테 허얼	알다	мэдэх	미드흐
맵다, 덥다	халуун	할룽	반드시	заавал	자-왈
에티켓, 예절	ёс журам	여스 조람	대개	ерөнхийд	유룬히-드
지키다	сахих	사히흐	일, 종류	зүйл	주일
먹다	идэх	이드흐	마시다	уух	오-흐
전통 음식	үндэсний хоол	운데스니- 허얼	불편한	тухгүй	토흐귀
술	архи	애리흐	바치다, 잡다	барих	배리흐
운동하다	дасгал хийх	다스갈 히-흐	전기가 나가다	тог тасрах	턱 타스라흐

➡ 빈도부사

전혀	때때로, 가끔	항상, 언제나, 자주, 주로
огт 억트 ерөөсөө 유루-스	заримдаа 재림다- хааяа 하-야	дандаа 단다- голдуу 걸도- байнга 뱅가 үргэлж 우르겔즈

146

가끔 나는 운동을 한다.
Заримдаа би дасгал хийдэг.
재림다 비 다스갈 히-득.

우리 동네는 가끔씩 전기가 나간다.
Манай дүүрэгт хааяа тог тасардаг.
마내- 두-렉트 하-야- 턱 타사르득.

 ## 연습하기

A. 알맞은 것을 서로 연결해보자.

A. 배가 고파요. •   • a. Цатталан байна.

B. 식사하세요. •   • b. Энийг идье.

C. 배가 부릅니다. •   • c. Өлсөж байна.

D. 어떤 음식이 맛있습니까? •   • d. Жимс идээрэй.

E. 이것을 먹겠습니다. •   • e. Хоолоо идээрэй.

F. 과일 드세요. •   • f. Ямар хоол амттай вэ?

식당 간판

몽골은 음식점을 아래와 같이 다양하게 표시한다.

- Хоолны газар 허얼니- 가자르: '음식점'이라는 뜻
- Цайны газар 채니- 가자르: '차 마시는 곳'이라는 뜻
- Баншны кафе 반시니- 카페-: '만두 파는 카페'라는 뜻
- Бууз 보-쯔: 보-쯔(고기만두)가 주 메뉴이고 그 외에도 러시아에서 들어온 몽골식
  으로 만든 음식을 파는 곳이다.
- Хуушуур 호쇼-르: 튀김 만두와 샐러드를 주 메뉴로 파는 곳
- Гуанз 관즈: 중국에서 들어온 말로 '음식점'이라는 뜻이다.
  일반 전통음 식과 퓨전 몽골식을 판다.
- Ресторан 레스터랑: 주로 서양 음식을 파는 '레스토랑'이라는 뜻으로 고급 식당
  이라고 생각하면 된다. 다른 나라의 음식점을 표시할 때에는 그 나라의 이름 뒤에
  'Ресторан 레스터랑' 또는 'Хоолны газар 허얼니- 가자르'라는 단어를 이어
  쓴다.

 한국 식당 Солонгос хоолны газар 설렁거스 허얼니- 가자르

09 | 제9과
다와 가릭트 우-르 아질태
Дараа гаригт өөр ажилтай
월요일에는 다른 일정이 있습니다

Минжон
민정:

다라-기잉 호를라- 헤제- 히윌 주게-르 왜?
Дараагийн хурлаа хэзээ хийвэл зүгээр вэ?
다음 회의는 언제가 좋을까요?

Анар
아나르:

다라기잉 덜러- 허넉잉 다와 가릭 야마르 왜?
Дараагийн долоо хоногийн даваа гариг ямар вэ?
다음 주 월요일은 어떠십니까?

Минжон
민정:

다와 가릭트 엘칭 새딩 얌 데-르 멍걸 올스 다흐 비즈네스 에르흘렉츠딩 오올잘트 배가.
먁마르 가릭트 야마르 왜?
Даваа гаригт элчин сайдын яам дээр Монгол улс дахь бизнес эрхлэгчдийн уулзалт байгаа. Мягмар гаригт ямар вэ?
월요일에는 대사관에서 몽골 진출 기업가 모임이 있습니다. 화요일은 어떠세요?

Анар
아나르:

투르 훌레-즈 배가-래. 호와-라. 하라드하이. 아르왕 두루웅 착아-스 허이시 벌른.
Түр хүлээж байгаарай. Хуваариа хараадахъя. 14 цагаас хойш болно.
잠시만요. 일정을 확인해보겠습니다. 오후 2시 이후에는 괜찮습니다.

Минжон
민정:

즈 밴. 다라- 덜러- 허넉잉 허여르 다히 우드르 아르왕 두루웅 착아-스 올자츠가이.

Болж байна. Дараа долоо хоногийн хоёр дахь өдөр 14цагаас уулзацгаая.

좋습니다. 다음 주 화요일 오후 2시에 뵙겠습니다.

며칠 후 통화 Хэд хоногийн дараа утсаар

헤드 허넉잉 다라- 오차-르

Анар
아나르:

다라- 덜러- 허넉잉 먁마르 가릭트 게네트 어렁 노트깅 터밀럴터-르 야와흐 툴루올러거-테 벌쑹. 푸릅 가릭잉 허여르 착아-르 설리즈 벌호?

Дараа долоо хоногийн мягмар гаригт гэнэт орон нутгийн томилолтоор явах төлөвлөгөөтэй болсон. Пүрэв гаригийн 2цагаар сольж болох уу?

다음 주 화요일에 갑작스럽게 지방 출장 계획이 잡혔습니다. 목요일 2시로 변경할 수 있을까요?

Минжон
민정:

앙 티무. 푸릅 가릭트 치 벌른.

Аан тийм үү. Пүрэв гаригт ч болно.

아, 그렇군요. 목요일도 좋습니다.

Анар
아나르:

바야를라. 푸릅 가릭트 오올지.

Баярлалаа. Пүрэв гаригт уулзъя.

감사합니다. 목요일에 뵙겠습니다.

유용한 표현

- 회의 준비 기간이 조금 더 필요합니다.

Хуралд бэлдэх хугацаа хэрэгтэй байна.

호랄드 벨데흐 혹차- 헤렉테- 밴.

- 저희 신제품이 완성된 후 보여드리면서 회의하고 싶습니다.

Шинэ бүтээгдэхүүнээ бэлэн болгоод танилцулангаа хурал хиймээр байна.

신 부테엑드후-네- 벨렝 벌거-드 타닐촐랑가- 호랄 히-메-르 밴.

- 불편을 끼쳐드려 죄송합니다.

Тухыг нь алдуулсанд уучлаарай. 토힉 느 알도올쓩드 오칠라-래

- 그 시간에는 다른 약속이 있습니다.

  Тэр үед өөр уулзалттай. 테르 우이드 우-르 오올잘트태.
- 편하신 시간을 말씀해주세요.

  Боломжтой цагаа хэлээрэй. 벌럼즈테 착아- 헬레-레-.
- 한가하실 때 연락 주세요.

  Завтай үедээ холбогдоорой. 자우태 우이데- 헐벅더-레.
- 사장님 일정을 알아보고 연락드리겠습니다.

  Захирлын ажлын хуваарийг мэдээд холбогдоё.
  자히를링 아즐링 호와리익 메데-드 헐벅더이.
- 약속 시간을 지켜주시기 바랍니다.

  Товлосон цагтаа ирэхийг хүсч байна.
  터울씅 착타 이르히익 후스츠 밴.
- 저희가 조정해보겠습니다.

  Бид зохицуулах гээд үзье. 비드 저히초올라흐 게-드 우지.

단어

회의	хурал	호랄	월요일	даваа гариг	다와- 가릭
사업가	бизнес эрхлэгч	비즈네스 에르 홀렉치	모임	уулзалт	올잘트
일정	хуваарь	호와르	만나다	уулзах	올자흐
잠시, 잠깐	түр	투르	기다리다	хүлээх	훌레-흐
출장	томилолт	터밀럴트	갑자기	гэнэт	게네트
한가한, 시간이 있는	завтай	자우태	바꾸다	солих	설리흐
가능한	боломжтой	벌럼즈테	약속하다, 결정하다	товлох	터울러흐
조정하다	зохицуулах	저히초올라흐	준비되다	бэлэн болгох	벨렝 벌거흐
필요하다	хэрэгтэй байх	헤렉테- 배흐	준비	бэлтгэл	벨트겔
신제품	шинэ бүтээгдэхүүн	신 부테엑드훙	준비하다	бэлтгэх	벨트그흐
연결되다	холбогдох	헐벅더흐	연락하다	холбоо барих	헐버- 배리흐

➡️ ~하고 싶다, ~해야 한다

▶ ~하고 싶다:
　　동사어간 + - **маар** 마-르, **мээр** 메-르, **моор** 머-르, **мөөр** + **байна** 무-르 밴

▶ ~하고 싶지 않다:
　　- **маар** 마-르, **мээр** 메-르, **моор** 머-르, **мөөр** 무-르 + **гүй байна** -귀 밴

예　만나고 싶어요. **уулзамаар байна.** 올즈마-르 밴.
　　　쉬고 싶어요. **амармаар байна.** 아마르마-르 밴.
　　　먹고 싶어요. **идмээр байна.** 이드메-르 밴.
　　　먹고 싶지 않아요. **идмээргүй байна.** 이드메-르귀 밴.

▶ ~해야 한다: 동사 + -**х хэрэгтэй байна.** -헤렉테 밴.

예　이메일을 급하게 보내야 해요.
　　　И-мэйл яаралтай явуулах хэрэгтэй байна.
　　　이메일 야랄태 야올라흐 헤렉테 밴.

　　　누군가에게 길을 물어봐야겠어요.
　　　Хүнээс зам асуух хэрэгтэй байна. 후네스 잠 아소-흐 헤렉테 밴.

연습하기

　괄호 안에 알맞은 단어를 보기에서 찾아 쓰자.

> A. 홀레-게-레　B. 허얼　C. 호랄태　D. 허여르 다흐 우드르

1. 그 시간에는 다른 회의가 있습니다. 테르 우이드 우-르 (＿＿＿＿＿＿).

2. 회의가 끝난 후에 함께 식사합시다. 호랄 도-사-드 함트 (＿＿＿＿＿＿) 이데츠게이.

3. 화요일 3시에 뵙겠습니다. (＿＿＿＿＿＿) 고로왕 착트 오올자츠가이.

4. 잠시만 기다려주세요. 투르 (＿＿＿＿＿＿).

새해 Шинэ жил 신질

몽골은 한국과 다르게 새해 행사를 12월부터 시작한다. 한국은 12월 하면 크리스마스가 가장 큰 이벤트이고 연말을 맞이하는 분위기인 반면 몽골은 불교 국가이기 때문에 크리스마스를 별로 중요하게 여기지 않는 편이다. 하지만 요즘들어 몽골도 기독교인들이 늘어가는 추세라 크리스마스를 기념하는 사람들이 많아졌다. 몽골에서는 집집마다 크리스마스트리를 장식하는 특별한 새해 문화가 있다. 몽골에서는 크리스마스트리를 '가초르 머드' 혹은 '열크'라고 한다. 열크는 러시아어로 크리스마스트리라는 뜻이다. 이 크리스마스트리는 손님이 방문했을 때 그 집 아이들에게 주는 용돈을 올려놓는 용도로 사용된다.

12월 초부터 직장별로, 학교별로, 유치원별로 새해 축하 행사를 한다. 행사 때는 '겨울 할아버지'가 오셔서 선물을 나누어주신다. 몽골에서는 산타할아버지를 겨울 할아버지라고 한다. 12월 31일에는 1월 1일을 맞이하여 집이나 수흐바타르 광장에서 콘서트를 구경하며 샴페인을 터트린다. 신정에는 설음식과 다르게 감자 샐러드와 만두 등 유럽 음식을 즐겨 먹는다.

몽골에서는 새해맞이 행사 때 꼭 파티복을 입는데, 남자는 양복, 여자는 화려한 드레스를 주로 입는다. 어린 아이들은 동물 모양 옷을 입고, 여자 아이들은 흰 드레스를 입고 겨울 할아버지와 함께 다니는 눈 아가씨로 분장한다.

몽골 사람들은 새해에 "새해 인사를 드립니다 Шинэ жилийн мэнд хүргэе 신질리잉 멘드 후르기"라고 인사를 한다.

Tips!

크리스마스트리의 돈
몽골에서 12월에 초대를 받아 친구 집에 방문하면 크리스마스트리를 보세요. 트리에 돈을 올려놓았을 거예요. 방문한 손님들이 초대받은 집의 아이들을 위해 트리에 용돈을 올려놓은 것입니다.

PART 3 비즈니스회화 편

10 | 제10과
우노-드리잉 호롤링 세뎁
Өнөөдрийн хурлын сэдэв
오늘 회의의 주제는 이것입니다

대화

Минжон
민정:

우노-드링 호롤링 세뎁 느 '터글러-믹 야-즈 소르탈칠라흐 왜?' 욤.

Өнөөдрийн хурлын сэдэв нь 'Тоглоомыг яаж сурталчилах вэ?' юм.

오늘 회의의 주제는 'VR 게임을 어떻게 홍보할 것인가?'입니다.

Анар
아나르:

헤레글렉칭 자흐 제엘리잉 다우하르긱 야즈 턱터-쏭 배?

Хэрэглэгчийн зах зээлийн давхаргыг яаж тогтоосон бэ?

주 타깃층은 어떻게 잡으셨어요?

Минжон
민정:

허르어-스 고칭 나스니- 에렉테 훙. SNS Google 소달가-가-르 담졸랑 터글럼 벌렁 올란드 아위라흐, 아일랄드 함트다- 야우즈 조가-차흐 치글렐레-르 터히르쏭.

20-30 насны эрэгтэй хүн. SNS Google судалгаагаар дамжуулан тоглоом болон ууланд авирах,аялалд хамтдаа явж зугаацах чиглэлээр тохирсон.

20~30대 남성입니다. SNS 구글독스 설문조사를 통해 게임과 등산, 여행을 함께 즐기는 층으로 정했습니다.

154

Анар

아나르:

소르탈칠가-니 아락 느?

Сурталчилгааны арга нь?

홍보 방법은 뭔가요?

Минжон

민정:

허르어스 고치 어르침 나스태 후무-스 걸도- 헤르글득 차힘 호-드식 초글롤즈, 신질즈 배가-.

20-30 орчим настай хүмүүс голдуу хэрэглэдэг цахим хуудсыг цуглуулж, шинжилж байгаа.

20~30대가 주로 사용하는 앱사이트를 수집해 분석하는 중입니다.

Анар

아나르:

비드 칙승 초글롤즈 토슬리. 소르탈칠간- 야즈 야왁다흐 왜?

Бид ч гэсэн цуглуулж туслая. Сурталчилгаа нь яаж явагдах вэ?

저희도 데이터 수집을 돕겠습니다. 홍보는 어떻게 이루어지나요?

Минжон

민정:

설렁거스트 우일 아질가가- 바 텔레위징 소르탈칠가-, 아우토스니 소르탈칠가- 이흐 아시글 득. 멍걸링 누흐츨 배달드 터히르쏭 사나- 버덜 선시.

Солонгост үйл ажилгаа ба телевизийн сурталчилгаа, автобусын сурталчилгаа их ашигладаг, монголын нөхцөл байдалд тохирсон санаа бодол сонсьё.

한국은 프로모션 행사와 TV 광고, 버스 외부 광고를 많이 이용하는데, 몽골의 실정에 맞는 의견 부탁드립니다.

Анар

아나르:

자 테그웰 다라-깅 호랄 데-르 터더르허이 얘를차이.

За тэгвэл дараагийн хурал дээр тодорхой ярилцья.

네! 다음 회의 때 구체적으로 논의하기로 합시다.

- 신제품의 특징에 대해 소개하겠습니다.
Шинэ бүтээгдэхүүний онцлогийг танилцуулъя.
신 부테엑데후-니- 언츨럭익 타닐촐리.

- 나누어드린 자료를 봐주세요.
Тараасан материалыг үзнэ үү. 타라-쌍 매트랄릭 우즌우.

- 의견을 말씀해주세요. **Саналаа хэлээрэй.** 사날라- 헬레-레-.

- 질문을 받겠습니다. **Асуулт авъя.** 아솔트 아위.

- 화면을 보시겠습니다. **Дэлгэц рүү хараарай.** 델게츠 루 하라-래.

- 저희 제품과 경쟁사의 제품을 비교해보겠습니다.
Манай бүтээгдэхүүнтэй өрслдөхүйц бүтээгдэхүүнтэй харьцуулж үзье.
마내 부테엑데훈테- 우르슬드휘츠 부테엑데훈테- 하리초올즈 우지.

- 최초 기획안과 달라진 부분에 대해 말씀드리겠습니다.
Эхнээсээ төлөвлөж байснаас өөрчлөгдсөн хэсгийн талаар тайлбарлая.
에흐네-세- 툴루울루즈 배스나-스 우-르칠륵드쓩 헤스깅 탤바를라이.

- ~그래서, 그러프로
(**тийм болохоор** 티임 벌러허-르, **тийм учраас** 티임 오치라-스, **тэгээд л** 테게-들)

 그래서 늦었습니다.
Тийм учраас хоцорчихлоо. 티임 오치라-스 허처르치흘러-

그래서 늦었습니다.
Тэгээд л хоцорчихлоо. 테게-들 허처르치흘러-

그러니까 늦지 마세요.
Тийм болохоор битгий хоцроорой.
티임 벌러허-르 비트기- 허츠러-레-

156

회의	хурал	호랄	주제	сэдэв	세뎁
홍보하다	сурталчилах	소르탈칠라흐	답하다, 대답하다	хариулах	해롤라흐
웹페이지	цахим хуудас	차힘 호다스	모으다, 수집하다	цуглуулах	초글로올라흐
결정하다, 세우다, 고정시키다	тогтоох	턱터-흐	진행되다	явагдах	야왁다흐
행사, 활동	үйл ажилгаа	우일 아질라가-	이용하다	ашиглах	아식라흐
정세	нөхцөл байдал	누흐츨 배달	맞다	тохирох	터히러흐
의견, 생각	санаа, бодол	사나-, 버덜	특징	онцлог	언츨럭
나누어주다, 해산하다	тараах	타라-흐	자료	материал	매트랄
질문	асуулт	아솔트	받다, 사다	авах	아와흐
화면	дэлгэц	델게츠	경쟁하다	өрсөлдөх	우르슬드흐
비교하다	харьцуулах	하리초올라흐	설명하다	тайлбарлах	탤바를라흐
요약, 보고	танилцуулга	타닐초올락	결산, 보고	тайлан	탤릉
시작하다	эхлэх	에흘레흐	책임을 지다, 맡다	хариуцах	해로차흐
끝나다	дуусах	도-사흐	계속되다, 이어지다	үргэлжлэх	우르겔질레흐

➡️ 목적격 조사(ыг, ийг, г)

몽골어의 대격 조사/어미 **ыг, ийг, г**는 한국어의 '-을/를'에 대응되며, 행위의 대상을 가리킨다. 대격은 아래와 같이 구별하며 단어의 뒤에 연결한다.

(1) ыг, ийг

단어의 끝이 단모음 또는 자음으로 끝나는 단어에 모음조화 규칙에 따라 연결한다.

> **예** ах → ахыг(오빠를) ном → номыг(책을)
> гэр → гэрийг(집을) үг → үгийг(단어를)

※ 단어가 남성일지라도 끝이 **Ж, Ч, Ш, Ь, Г, И**으로 끝나는 경우에는 **ийг**을 연결한다.

> **예** багш багшийг(선생님을)

(2) г

장모음, 이중모음으로 끝나는 단어의 뒤에 연결한다.

> **예** өрөө → өрөөг(방을)

연습하기

 알맞은 단어를 찾아 문장을 완성하자.

> бизнес(사업) арга(방법) сэдэв(주제) ажил(일) байгаа(있다)

1. Өнөөдрийн хурлын _____. 우노-드링 호를링 세뎁.

2. Сурталчилгааны _____ нь? 소르탈칠가-니 아락 느?

3. _____ сайн уу? 아질 새노?

4. Сайн _____. 샌 배가-.

5. Ямар _____ хийж байна? 야마르 비즈네스 히-즈 밴?

9×9 추위

몽골은 11월부터 기온이 영하로 떨어지면서 본격적인 영하 날씨가 이어지는 겨울이 시작된다. 도시가 시골보다 덜 춥긴 하지만 길에 다니는 사람들의 얼굴이 빨갛게 상기되어 있을 정도로 춥다. 몽골은 겨울 내내 눈이 많이 내리고 날씨가 꽤 추워서 겨울에는 모자와 목도리로 얼굴을 감고 눈만 내놓고 다닌다. 몽골의 추위는 11월 말부터 시작해 4월이 되어야 영상으로 돌아온다. 장장 6개월 이상이 영하권이다.

그러나 몽골의 전통적이고 본격적인 겨울 셈법은 12월 22일부터다. 12월 22일부터 9일씩 나누어 9일이 아홉 번 지나면 봄이라고 셈을 한다. 즉 9×9=81일이 지나야 봄이 되는 것이다. 처음 세 번의 9일을 유아기, 두 번째 세 번의 9일을 청년기, 마지막 세 번의 9일을 장년기 추위라고 한다. 청년기 추위에 해당하는 1월 말경이 가장 추운 겨울이다. 영하 30도는 보통이고, 시골은 영하 50도로 내려가기도 하며, 울란바토르도 가끔 영하 40도 이하로 떨어질 때가 있다. 아홉 번의 추위를 다음과 같이 표현하기도 한다.

유아기 발치르 유스 **балчир ес**
- 첫 번째 추위(12.22.~12.30.)에 얇은 옷을 입으면 춥다.
- 두 번째 추위(12.31.~1.8.)에 양의 우리 바닥이 언다.
- 세 번째 추위(1.9.~1.17.)에 세 살 된 황소의 뿔이 언다.

청년기 이드르 유스 **идэр ес**
- 네 번째 추위(1.18.~1. 26.)에 네 살 된 황소의 꼬리가 얼어서 끊어진다.
- 다섯 번째 추위(1.27.~2.4.)에 바깥 낟알이 얼지 않는다.
- 여섯 번째 추위(2.5.~2.13.)에 노숙을 해도 얼어 죽지 않는다.

장년기 훅싱 유스 **хөгшин ес**
- 일곱 번째 추위(2.14.~2.22.)에 언덕 머리의 눈이 녹는다.
- 여덟 번째 추위(2.23.~3.3.)에 눈이 녹아 거의 다 없어진다.
- 아홉 번째 추위(3.4.~3.12.)에 따뜻해진다.

11 | 제11과
샌 밴, 겝츠
Сайн байна гэвч
좋습니다, 하지만

대화

Анар
아나르:

잘로-초-드 이흐 초글라르득 고담진드 소르탈칠가-니 우일 아질가- 야올발 야마르 왜?
Залуучууд их цугладаг гудамжинд сурталчилгааны үйл ажиллагаа явуулбал ямар вэ?
젊은이들이 많이 모이는 거리에서 프로모션을 진행하는 것은 어떨까요?

Минжон
민정:

벌즈 밴 겝츠 얼렁 훙 초글라르치하-르 가자르 배흐 벌로?
Болж байна гэвч олон хүн цугларчихаар газар байх болов уу?
좋습니다. 하지만 많은 사람이 모일 만한 장소가 있을까요?

Анар
아나르:

메데엘랠 테흐널러기잉 에엘지트 '올란바-타르 아이티' 우제스글렝그 히이즈 배가-.
Мэдээлэл технологийн ээлжит 'Улаанбаатар IT' үзэсгэлэнг хийж байгаа.
IT 관련 '울란바토르IT' 전시회를 정기적으로 하고 있습니다.

Минжон
민정:

테그웰 테르 우제스글렌드 비드 치 바스 어를처즈 벌러흐 벌로?
Тэгвэл тэр үзэсгэлэнд бид ч бас оролцож болох болов уу?
그렇다면, 그 전시회에 저희도 참가하는 것이 가능할까요?

Анар
아나르:

메데-즈 벌른. 해로착치드 느 오르드칠라-드 헬리.
Мэдээж болно. Хариуцагчид нь урьдчилаад хэлье.
물론 가능하죠. 담당자에게 미리 얘기해놓겠습니다.

Минжон
민정:

자 바야를라. 새항 벌럼즈 벌러흐 배흐.
За баярлалаа. Сайхан боломж болох байх.
네, 감사합니다. 좋은 기회가 될 것 같습니다.

게흐데-, 버디트 헤레글렉치익 멍걸드 하즈가-룰라흐귀 배흐 소르탈칠가-니 버들럭 헤렉테- 게즈 버더즈 밴.

Анар
아나르:

Гэхдээ, бодит хэрэглэгчийг монголд хязгаарлахгүй байх сурталчилгааны бодлого хэрэгтэй гэж бодож байна.

그런데, 실사용자를 몽골에 한정하지 않는 홍보 전략이 필요할 것 같습니다.

티임. 설렁거스트 치 델히잉 자흐 제엘릭 지식 벌겅 소르탈칠가-니- 버들거- 부렐두울즈 배가.

Минжон
민정:

Тийм. Солонгост ч дэлхийн зах зээлийг жишиг болгон сурталчилгааны бодлогоо бүрэлдүүлж байгаа.

맞습니다. 한국에서도 전 세계 시장을 대상으로 한 홍보 전략을 구상 중입니다.

유용한 표현

– 그 후에는 어떻게 홍보하실 겁니까?

Тэрнээс хойш яаж сурталчилах вэ?
테르네-스 허이시 야즈 소르탈칠라흐 왜?

– 그렇다면, 전시회장에서 뵙겠습니다.

Тэгвэл үзэсгэлэн худалдаан дээр уулзацгая.
테그웰 우제스글렝 호달다앙 데-르 오올자츠가이.

– 저희가 더 준비해야 할 것은 없을까요?

Бид өөр бэлдэх зүйл байхгүй юу? 비드 우-르 벨데흐 주일 배흐귀 유?

– 그래서 이 전시회에 꼭 참가해야 합니다.

Тиймээс энэ үзэсгэлэн худалдаанд заавал оролцох хэрэгтэй.
티임에-스 엔 우제스글렝 호달다안드 자-왈 어럴처흐 헤렉테-.

– 많은, 많이 (**олон** 얼렁, **их** 이흐, **зөндөө** 준도-)

예 많은 이야기를 나누었습니다.
Олон зүйл ярилцсан. 얼렁 주일 얘릴츠쌍.

대단히 감사합니다. **Маш их баярлалаа.** 마쉬 이흐 바야를라.

많은 일을 했지만, 피곤하지는 않습니다.
Зөндөө ажилласан, гэхдээ ядраагүй.
비 준도- 아질쌍, 게흐데- 야드라귀.

단어

하지만	гэвч	겝츠	정기적인	ээлжит	에엘지트
전시	үзэсгэлэн	우제스글렝	참여하다, 참가하다	оролцох	어럴처흐
물론	мэдээж	메데-즈	담당자	хариуцагч, эрхлэгч	해로착치, 에르흘렉치
미리 하다, 먼저 받다	урьдчилах	오르드칠라흐	기회, 가능성	боломж	벌럼즈
실제의	бодит	버디트	소비자, 사용자	хэрэглэгч	헤레글렉치
비제한적인	хязгаарлахгүй	햐즈가-를라흐귀	구상, 생각, 정책	бодлого	버들럭
구성하게 하다	бүрэлдүүлэх	부렐두울레흐	전 세계	дэлхийн жишиг	델히잉 지식
시장	Зах зээл	자흐 제엘	의논하다	ярилцах	얘를차흐

문법과 활용

➡ 대문자 사용 규칙

(1) 첫 문장은 대문자로 시작한다.

> **예** 나는 몽골에 산다. **Би монголд амьдардаг.** 비 멍걸드 앰드르득.

(2) 인명, 동물, 도시, 구역, 산, 강 등 고유명사를 쓸 때에는 대문자로 시작한다.

> **예** 울란바토르 시 Улаанбаатар хот 올라앙바-타르 허트,
> '평화'의 거리 Энхтайвны гудамж 엥흐태왕니- 고담즈,
> 벅드산 Богд уул 벅드 오올, 방하르- 개 Банхар нохой 방하르 너헤

(3) 다국적 기업과 공공 기관의 이름에 여러 단어가 들어갈 경우 모든 단어의 첫 문자를 대문자로 쓴다.

 유엔(국제기구) Нэгдсэн Үндэстний Байгууллага,
넥드씅 운데스트니- 배고올락

세계은행 Дэлхийн Банк 델히잉 방크

(4) 이외에는 공업, 구역, 동의 명을 여러 단어로 쓸 경우 첫 단어의 시작만 대문자로 쓴다.

 아동복 공장 Хүүхдийн хувцасны үйлдвэр
후-흐디잉 홉차스니- 우일드왜르

 연습하기

📁 괄호 안에 알맞은 단어를 보기에서 찾아 쓰자.

> A. 벌러흐귀   B. 젭츠   C. 티임 오치라-스   D. 벌럼즈

1. (   ), 테르 이레흐 벌로?   하지만, 그가 돌아올까요?

2. 새흥 (   ) 벌러흐 배흐.   좋은 기회가 될 것 같아요.

3. (   ). 야가-드 게왤 우-르 호랄태. 안됩니다. 왜냐하면 다른 회의가 있어요.

4. (   ) 우노-드르 이르쌍.   그래서 오늘 왔어요.

간판에 쓰이는 말

몽골도 한국과 마찬가지로 건물마다 간판이 많이 붙어 있다. 몽골의 간판은 몽골어로 쓰도록 규제하고 있어 주로 키릴문자로 쓰여 있다. 다음은 간판에 주로 등장하는 단어의 목록이다.

가게, 매장 **ДЭЛГҮҮР** 델구-르

- 백화점 **ИХ ДЭЛГҮҮР** 이흐 델구-르
- 식료품점 **ХҮНСНИЙ ДЭЛГҮҮР** 훈스니- 델구-르
- 잡화점 **БАРААНЫ ДЭЛГҮҮР** 바라-니- 델구-르
- 서점 **НОМЫН ДЭЛГҮҮР** 너밍 델구-르
- 문방구 **БИЧИГ ХЭРЭГ** 비치그 헤렉
- 꽃가게 **ЦЭЦГИЙН ДЭЛГҮҮР** 체츠기잉 델구-르
- 생활용품점 **АХУЙН БАРАА** 아호잉 바라-

학교 **СУРГУУЛЬ** 소르고올

- 중학교 **ДУНД СУРГУУЛЬ** 돈드 소르고올
- 대학교 **ДЭЭД СУРГУУЛЬ** 데-드 소르고올
- 어린이집 **ЯСЛИ** 야슬
- 유치원 **ЦЭЦЭРЛЭГ** 체체를렉
- 도서관 **НОМЫН САН** 너밍 상

관리, 행정, 집행기관 **ЗАХИРГАА** 자히르가-

- 구역 **ХОРООЛОЛ** 허러얼럴
- 동 **ХОРОО** 허러-
- 거리 **ГУДАМЖ** 고담즈

병원 **ЭМНЭЛЭГ** 에믈륵

- 종합병원 **НЭГДСЭН ЭМНЭЛЭГ** 넥드셍 에믈륵
- 산부인과 **ЭМЭГТЭЙЧҮҮДИЙН ЭМНЭЛЭГ** 에멕테-추-디잉 에믈륵
- 소아과 **ХҮҮХДИЙН ЭМНЭЛЭГ** 후-흐디잉 에믈륵
- 치과 **ШҮДНИЙ ЭМНЭЛЭГ** 슈드ㅣ ㅣ- 에믈륵
- 약국 **ЭМИЙН САН** 에미잉 상
- 안경원 **НҮДНИЙ ШИЛ** 누드니- 실

전화국 **ХОЛБООНЫ ГАЗАР** 헐버-니- 가자르

- 우체국 **ШУУДАН** 쇼-당
- PC방 **ИНТЕРНЕТ** 인테르네트
- 전화기 **УТАС** 오타스

Tips!

УТАС 오타스 전화기
휴대전화가 없을 때 돈을
주고 전화할 수 있는 곳을
표시하는 표지판

차고, 주차장 **ГАРАЖ** 그라즈

- 주차장 **МАШИНЫ ЗОГСООЛ** 마시니- 적서얼
- 타이어 수리 **ДУГУЙ ЗАСВАР** 도고이 자스와르

기타

- 열쇠복사함 **ТҮЛХҮҮР ХУВИЛНА** 툴후-르 호윌른
- 미용실 **ҮСЧИН** 우스칭
- 미용 **ГОО САЙХАН** 거어 새항
- 공증소 **НОТАРИАТ** 너타리아트
- 박물관 **МУЗЕЙ** 무제-
- 구두 수선 **ГУТАЛ ЗАСВАР** 고탈 자스와르
- 조심 **БОЛГООМЖИЛ** 벌르거엄질
- 출구 **ГАРАХ** 가라흐
- 입구 **ОРОХ** 어러흐

12 | 제12과
버더즈 배가- 운 헤드 왜?
Бодож байгаа үнэ хэд вэ?
생각하시는 가격이 얼마입니까?

Минжон
민정:

마내 탈링 툴루울르거- 바 자흐 제엘링 우니잉 탈라-르흐 메데엘렐.

Манай талын төлөвлөгөө ба зах зээлийн үнийн талаарх мэдээлэл .

저희 측의 예산과 시장가격에 대한 정보입니다.

Анар
아나르:

낙트 냠바이 툴루울르씅 밴.

Нягт нямбай төлөвлөсөн байна.

세심하게 책정되었군요.

Минжон
민정:

사날 벌거즈 보이 헤레글렉칭 우느 앨느 왜?

Санал болгож буй хэрэглэгчийн үнэ нь аль нь вэ?

제시한 소비자가격은 어떤가요?

Анар
아나르:

엔 아라일 운테- 사낙다즈 밴.

Энэ арай л үнэтэй санагдаж байна.

조금 비싸게 느껴집니다.

Минжон
민정:

티메-, 티임 오치라-스 우일칠게-그 데-드 제레트 히잉 우니익 우스그흐 버들럭테 배가-.

Тийм ээ, тийм учраас үйлчилгээг дээд зэрэгт хийн үнийг өсгөх бодлоготой байгаа.

네, 그래서 서비스를 고급화하고 가격을 높이는 전략을 세웠습니다.

Анар
아나르:

겝츠 엔 우네-르 아욜귀 자흐 제엘리익 부를두울레흐 느 헤추- 배흐.

Гэвч энэ үнээр аюулгүй зах зээлийг бүрэлдүүлэх нь хэцүү байх.

하지만 이 가격으로는 안정된 시장을 형성하기 어려울 것 같습니다.

Минжон
민정:

테그웰 칭기스 아이티킹 탈라-스 버더즈 배가- 어너웁츠테 운 느 헤드 왜?

Тэгвэл Чингис IT ийн талаас бодож байгаа оновчтой үнэ нь хэд вэ?

그렇다면 칭기스IT에서 생각하는 합리적인 가격은 얼마입니까?

Анар
아나르:

에흘레드 오디르다흐 기슈디잉 호를라-르 아우치 헬렐츠스니- 다라- 타닐초올리.

Эхлээд удирдах гишүүдийн хурлаар авч хэлэлцсэний дараа танилцуулья.

우선 경영진 회의를 거친 후 제시하겠습니다.

- 가격 조정이 필요합니다.

  Үнийн зохицуулалт хэрэгтэй. 우니잉 저히초올랄트 헤렉테-.

- 원가를 낮출 수 있는 방법이 없을까요?

  Үндсэн үнийг багасгах арга байхгүй юу?
  운드셍 우니익 바가스가흐 아락 배흐귀 유?

- 판매량이 어떻게 됩니까?

  Борлуулалтын хэмжээ ямар байна?
  버를롤랄팅 헴제- 야마르 밴?

- 모두, 전부 (**бүгд** 북드, **бүгдээрээ** 북데-레-, **цөм** 춤)

  > **예** 모두 합해서 **Бүгд нийлээд** 북드 니일레-드
  >
  > 그들은 모두 좋은 사람들입니다.
  > **Тэд бүгд сайн хүмүүс.** 테드 북드 샌 후무-스.

단어

시장	зах зээл	자흐 제엘	대출	зээл	제엘
꼼꼼한, 세심한	нягт, нямбай	냑트, 냠바이	상급, 최고의	дээд зэрэг	데-드 제렉
높이다	өсгөх	우스그흐	형성하게 하다	бүрэлдүүлэх	부를두울레흐
합리적인	оновчтой	어너웁츠테	경영하다	удирдах	오디르다흐
회원, 구성원	гишүүн	기슝	논의하다, 협의하다	хэлэлцэх	헬렐체흐
맞추다, 조정하다	зохицуулах	저히초올라흐	낮추다, 줄이다	багасгах	바가스가흐
방법	арга	아락	판매	борлуулалт	버를롤랄트

크기, 규모	хэмжээ	헴제-	생산량, 출구	гарц	가르츠
경제	эдийн засаг	에디잉 자삭	이자	мөнгөний хүү	뭉그니- 후-
담당자	хариуцагч	해로착츠	상황	байдал, нөхцөл	배달, 누흐츨

문법과 활용

 명사의 복수형

몽골어에서 복수형 어미는 **-д, -ид, -с, -ууд, -үүд, -чууд, -чүүд, –нар** 등
다양하다. 복수형을 만드는 법칙이 있기는 하지만 예외의 경우가 많고, 몽골인들이 실
제로 말하는 것과 다른 경우가 있기 때문에 가능하면 많은 실례를 익혀두는 것이 좋다.

> **예**　담당자들 **хариуцагчид** 해로착치드, 직원들**ажилчид** 아질치드,
> 　　사장들 **дарга нар** 다륵 나르
>
> 이 젊은이들은 우리 회사 직원들입니다.
> **Энэ залуучууд манай байгууллагын ажилчид юмаа.**
> 엔 잘로-초-드 마내- 배고올락잉 아질치드 욤아-.

연습하기

 알맞은 단어를 서로 연결해보자.

A. **зээл**　　　　　•　　　　• a. 이자

B. **зах**　　　　　•　　　　• b. 시장

C. **банк**　　　　•　　　　• c. 은행

D. **мөнгөний хүү**　•　　　　• d. 계좌

E. **данс**　　　　•　　　　• e. 대출

화폐

몽골의 화폐는 투그릭(MNT)으로 현재 몽골에서 보편적으로 사용되는 화폐의 종류는 9가지다. 몽골에는 한국과 달리 동전이 없고 지폐만 사용한다.

20.000₮ хорин мянган төгрөг
허링 망강 투그릭

10.000₮ арван мянган төгрөг
아르왕 망강 투그릭

5.000₮ таван мянган төгрөг
타왕 망강 투그릭

1.000₮ нэг мянган төгрөг
넥 망강 투그릭

500₮ таван зуун төгрөг
타왕 조옹 투그릭

100₮ нэг зуун төгрөг
넥 조옹 투그릭

50₮ тавин төгрөг
태윙 투그릭

20₮ хорин төгрөг
허링 투그릭

10₮ арван төгрөг
아르왕 투그릭

13 제13과

버더흐 혹차– 헤렉테 밴
Бодох хугацаа хэрэгтэй байна
생각할 시간이 좀 더 필요합니다

대화

Минжон
민정:

테그웰 게레-그 우르겔즐루울레후?
Тэгвэл гэрээг үргэлжлүүлэх үү?
그럼 이대로 계약을 진행해도 되겠습니까?

Анар
아나르:

오칠라-래-, 게레- 히-흐 우드르- 설리즈 벌호?
Уучлаарай, гэрээ хийх өдрөө сольж болох уу?
죄송하지만, 계약일을 변경할 수 있을까요?

Минжон
민정:

벌럴를귀 야호, 게흐데 야마르 니겡 아소-달 밴오?
Бололгүй яахав, гэхдээ ямар нэгэн асуудал байна уу?
물론이죠, 그런데 무슨 문제가 있나요?

Анар
아나르:

샬르가흐 헤렉테 헤뎅 헤섹 배가– 윰아–. 버더흐 혹차– 헤렉테 밴.
Шалгах хэрэгтэй хэдэн хэсэг байгаа юм аа.
Бодох хугацаа хэрэгтэй байна.
몇 가지 검토해야 할 부분이 있어서요. 생각할 시간이 좀 더 필요합니다.

며칠 후 통화 **Хэд хоногийн дараа утсаар**
헤드 허넉잉 다라– 오차–르

Анар
아나르:

이메일레-르 야올쌍 덜러 도가-르 불렉 주일릭 자스히익 후스츠 밴.
Имэйлээр явуулсан 7 дугаар бүлэг зүйлийг
засахыг хүсч байна.
이메일로 전달한 제7조 세부 항목 수정을 요청드립니다.

Минжон
민정:

야마르 네겡 아소-달 밴 오?
Ямар нэгэн асуудал байна уу?
무슨 문제가 있습니까?

Анар
아나르:

게레- 초츨라흐 벌렁 송가흐태 헐버-테 주일리익 넴쏭 윰아-.
Гэрээ цуцлах болон сунгахтай холбоотой
зүйлийг нэмсэн юм аа.
계약 파기 및 연장에 관한 사항을 추가했습니다.

Минжон
민정:

티무? 움구울륵츠테– 주일를두–드 해로 우기-.
Тийм үү. Өмгөөлөгчтэй зөвлөлдөөд хариу өгье.
그렇군요. 저희 변호사와 상의 후 연락드리겠습니다.

- 시간을 좀 주세요. **Хугацаа өгөөч.** 혹차- 우거-치.
- 좀 더 검토해보고 싶습니다.
  Дахиад хянаж үзмээр байна. 다히아드 햐나즈 우즈메-르 밴.
- 계약서를 검토 중입니다. **Гэрээг хянаж байна.** 게레-그 햐나즈 밴.
- 이번 주 내로 연락드리겠습니다.
  Энэ долоо хоногтоо багтаж хариу өгъе.
  엔 덜러- 허넉터- 박타즈 해로 우기-.
- 회사의 내부 사정으로 인해 계약을 하지 않기로 결정했습니다.
  Байгууллагын дотоод шалтгаанаас гэрээг
  хийхгүйгээр шийдсэн.
  배고올락잉 더터-드 샬트가-나-스 게레-그 히-흐귀게-르 쉬-드쏀.
- 계약서의 일부분에 대한 변경을 요청합니다.
  Гэрээний зарим хэсгийг өөрчлөх хүсэлтэй байна.
  게레-니- 재름 헤스기익 우-르츌르흐 후셀테- 밴.
- 계약을 철회합니다. **Гэрээг буцааж байна.** 게레-그 보차-즈 밴.
- 계약을 연장합니다. **Гэрээг сунгаж байна.** 게레-그 송가즈 밴.
- 빨리 (**хурдан** 호르당, **түргэн** 투르겡, **гялс** 갈스)

  예 ▶ 빨리 다녀오세요. **Хурдан яваад ирээрэй.** 호르당 야와-드 이레레.
  빨리 들어오세요. **Гялс ороод ирээрэй.** 걀스 어러-드 이레레.
  빨리 가세요. **Түргэн яваарай.** 투르겡 야와-래-.

계속하다	үргэлжлүүлэх	우르겔즐루울레흐	계약	гэрээ	게레-
계약을 맺다	гэрээ байгуулах, гэрээ хийх	게레- 배고올라흐, 게레- 히-흐	문제	асуудал	아소-달
검토하다	шалгах	샬르가흐	부분	хэсэг	헤섹
수정하다, 고치다	засах	자사흐	원하다, 요청하다	хүсэх	후세흐
취소하다, 무효로 하다	цуцлах	초츨라흐	연장하다	сунгах	송가흐
관계가 있는	холбоотой	헐버-테	더하다, 추가하다	нэмэх	네메흐
변호사	өмгөөлөгч	움구울륵츠	상의하다	зөвлөлдөх	주을를두흐
기간	хугацаа	혹차-	검토하다, 감독하다	хянах	하나흐
포함하다, 수용 가능하다	багтах	박타흐	결정하다	шийдэх	쉬-드흐
수정하다, 변경하다	өөрчлөх	우-르츨르흐	돌려주다, 반환하다	буцаах	보차-흐
변화	өөрчлөлт	우-르츨를트	희망	хүсэл	후셀
부가, 추가	нэмэлт	네멜트	원인, 이유, 근거	шалтгаан	샬트가앙

➡️ 방향격 조사 '~로/으로'

몽골어의 방향격 조사/어미 'руу/луу 로', 'рүү/лүү 루'는 한국어의 방향격 조사 '~에게로', '~로/으로'에 해당한다. 조사를 모음조화 규칙에 따라 구별해서 쓰며, p 자음으로 끝나는 단어 뒤에는 'луу', 'лүү' 조사를, 그 외에는 'руу', 'рүү'를 연결한다.

예 도시로 хот руу 허트 로-, 시골로 хөдөө рүү 후두 루-
손으로 гар луу 가르 로-, 집으로 гэр лүү 게르 루-

연습하기

 주어진 문장을 몽골어로 바꾸어 쓰고 말해보자.

1. 무슨 문제가 있습니까?

_____

2. 계약을 연장합니다.

_____

3. 시간을 좀 주세요.

_____

4. 변경을 요청합니다.

_____

주택 임대 계약

여행, 비즈니스 등으로 몽골에 장기 체류할 때에는 주택을 임대하여 체류하는 것이 편리하다. 일반적으로 매월 임대료를 지불하며, 임대 계약 시 3개월분의 임대료를 보증금 형식으로 준다. 생활에 필요한 가전 집기는 포함되어 있는 경우가 많고, 각종 공과금은 사용자 부담이다. 계약을 해지할 경우에는 적어도 1개월 전에 통부해야 손해가 없다.

계약 시 확인사항

- 신원 확인
거래하는 양쪽 모두 안심하고 계약할 수 있도록 반드시 서로의 주민등록증 등으로 신원을 확인하고 임차인은 계약 당사자가 부동산 실소유주인지 확인한다. 대리인일 경우 위임, 증빙 서류를 반드시 확인한다.

- 방문 및 계약
방문자의 이름과 연락처를 확인하고 약속 시간은 가족이나 이웃이 함께 있는 시간으로 한다. 방문 시에는 되도록 여자 혼자서 찾아가지 않도록 한다. 계약서 작성 시 양쪽 모두 입회인을 동석하면 좋다.

- 계약 직전 확인사항
계약금 및 잔금(필요 시 중도금) 지급 일정(통상 계약금 10%를 지불하고 나머지는 잔금으로 하며 주택의 인도와 동시에 지불함), 임대차 기간, 전 임차인의 퇴거일과 본인의 입주일, 전 임차인과의 관리비 등 제세공과금 처리 문제, 시설상태 및 수리 여부 확인, 구조변경 및 원상회복 문제, 위약 및 계약해제 사항(계약금의 성격 및 해약조건), 공증 및 중개수수료 문제 등의 확인이 필요하다.

14 | 제14과
설렁거스 올사드 이레-레-
Солонгос улсад ирээрэй
한국에 한번 오세요

대화

Минжон
민정:

다라- 사링 허링 타우니- 우드르 마내 배골락잉 고칭 질리잉 어잉 바야르 터히언.

Дараа сарын 25ний өдөр манай байгууллагын 30жилийн ойн баяр тохионо.

다음 달 25일에 저희 회사의 30주년 기념식이 있습니다.

Анар
아나르:

바야르 후르기-.

Баяр хүргэе.

축하드립니다.

Минжон
민정:

칭기스 아이티킹 자히랄 벌렁 아질츠디익 오리히익 후스쌍 욤.

Чингис IT'ийн захирал болон ажилчдыг урихыг хүссэн юм.

사장님과 칭기스IT 임직원 분들을 초대하고 싶습니다.

Анар
아나르:

바야를라. 고칭 질링 어잉 바야링 우일 아질라간드 비드 토슬라흐 주일 배흐귀 유?

Баярлалаа. 30жилийн ойн баярын үйл ажиллагаанд бид туслах зүйл байхгүй юу?

감사합니다. 30주년 행사에 저희가 도와드릴 것은 없을까요?

Минжон
민정:

Солонгост баярт өдрөөр хамтдаа баярлавал хөөр баяр хоёр дахин болдог гэсэн үг байдаг.

한국에서는 기쁜 일을 함께하면 기쁨이 두 배가 된다고 말합니다.

Анар
아나르:

Монголд ч баярт өдрийг хамтдаа тэмдэглэдэг ёс бий.

몽골도 기념식을 함께 축하하는 문화입니다.

Минжон
민정:

Хүрэлцэн ирэхэд л бидэнд нэр төрийн хэрэг байх болно.

와주시는 것만으로도 저희에게 영광이 될 것입니다.

Анар
아나르:

Ажлаа зохицуулаад заавал оролцох болно.

일정을 조정하여 꼭 참석하겠습니다.

- 저희 회사 창립 기념식에 초대합니다.

 Байгууллагынхаа ойн баярт урьж байна.

 배골락잉하 어잉 바야르트 오리즈 밴.

- 축하합니다. **Баяр хүргэе.** 바야르 후르기.

- 몽골의 기념식 문화는 어떠한가요?

 Монголд ойн баяр тэмдэглэхэд ямар ёс баримталдаг вэ?

 멍걸드 어잉 바야르 템데글헤드 야마르 여스 바림탈득 왜?

- 한국에 와보신 적이 있습니까?

 Солонгост иржбайсан уу? 설렁거스트 이르즈 배슨오?

- 저희가 숙소 및 항공편을 예약하겠습니다.

 Бид байр болон онгоцны билетийг захиалъя.

 비드 배르 벌렁 엉거츠니- 빌레티익 자히알리.

- ~와, 과(**ба** 바, **болон** 벌렁, **бас** 바스)

 | 예 | 엄마, 아빠, 할머니와 같이 갔다.

 Ээж, аав, бас эмээ хамт явсан.

 에-즈, 아-우, 바스 에메- 함트 야우쌍.

 남자들과 여자들

 Эрэгтэй болон эмэгтэй хүмүүс 에렉테 벌렁 에멕테 후무-스

벌어지다, 만나다	**тохиох**	터히어흐	기쁨	**хөөр баяр**	후-르 바야르
기념하다, 기록하다	**тэмдэглэх**	템데글르흐	의식, 예절	**ёс**	요스
넉넉하다, 충분하다	**хүрэлцэх**	후렐체흐	예약하다	**захиалах**	자히알라흐

178

기념일, 주년	ойн	어인	기념일	ойн баяр, дурсгалт өдөр	어인 바야르, 도르스갈트 우드르
기념식, 식	ёслол	여슬럴	결혼	хурим	호름
참석하다, 참가하다	оролцох	어럴처흐	입학식	элсэлтийн баяр	엘셀팅 바야르
축일	баярын өдөр, баяр	바야링 우드르, 바야르	졸업식	төгсөлтийн баяр	투그슬팅 바야르

문법과 활용

■■■ 동사 현재반복시제

언제나 계속되는 행위나 동작, 습관적인 행위를 표현할 때 쓰인다. 동사어간에 모음조화 규칙에 따라 아래와 같이 연결한다. 발음은 모두 '득'이라고 말하면 된다.

- **даг**: 동사의 모음이 **а, у, я**일 때
- **дог**: 동사의 모음이 **о**일 때
- **дэг**: 동사의 모음이 **и, ү, э**일 때
- **дөг**: 동사의 모음이 **ө**일 때

	평서형 **-даг** 득	부정형 **-даг** 득 + **гүй** 귀
있다 байх 배흐	있어요 байдаг 배득	없어요 байдаггүй 배득귀
먹다 идэх 이드흐	먹어요 иддэг 이드득	안 먹어요 иддэггүй 이드득귀

예 무슨 일을 하세요?(직업이 뭐예요?) Та юу хийдэг вэ? 타 요 히득 왜?

연습하기

주어진 문장을 몽골어로 바꾸어 쓰고 말해보자.

1. 축하합니다. _____ 2. 기념일 _____

3. 결혼식 _____ 4. 졸업식 _____

사계절

몽골은 계절에 따라 목축 장소를 변경하는 유목 생활을 한다. 유목민들은 계절별로 장소를 이동하며 목축을 하는데 봄부터 가을까지는 주로 평지에서 가축을 치고, 산 쪽에 있는 풀은 겨울을 위해 남겨둔다. 날씨가 너무 덥거나 추우면 가축이 죽거나 손해를 많이 보게 되기 때문에 몽골 사람들은 인사를 할 때 각 계절을 잘 보내고 있는지 확인하며 서로 안부를 묻는다. 몽골 사람들의 계절인사에는 이러한 몽골의 기후적 특성과 가축을 키우는 생활습관이 녹아들어 있다.

봄은 추운 겨울을 견뎌내고 가축의 새끼들이 태어나는 계절이다. 따라서 시골에서는 추운 겨울을 잘 보냈는지, 가축들은 추운 겨울을 견뎌냈는지, 가축의 새끼들은 잘 태어나서 잘 자라고 있는지 등을 묻는다. 일반적으로 "Сайхан хаваржиж байна уу? 새항 하와르지즈 밴오? 봄 잘 보내고 계십니까?"라고 안부를 묻는다. 봄에는 가축들이 새끼를 낳기 때문에 산에서 평지로 내려와 '봄집 Хаваржаа 하와르자-'을 짓는다.

여름에는 매우 건조하기 때문에 목초가 많고 물이 많은 평지에 주로 '여름집 Зуслан 조슬랑'을 짓는다. 여름에는 비가 많이 왔는지, 가축들이 풀을 먹고 잘 자라고 있는지 등을 서로 묻는다. "Сайхан зусаж байна уу? 새항 조사즈 밴오? 여름 잘 보내고 계십니까?"라고 인사한다.

가을에는 추운 겨울을 보낼 준비를 한다. 여름집보다는 좀 더 산 쪽으로 가서 산자락에 '가을집 Намаржаа 나므르자-'을 짓는다. 겨울을 보낼 준비가 잘되어 있는지, 여름 내 가축들을 잘 살찌웠는지 등을 묻는다. "Сайхан намаржиж байна уу? 새항 나마르지즈 밴오? 가을 잘 보내고 계십니까?"라고 인사한다.

몽골의 겨울은 매우 춥기 때문에 차가운 바람을 막을 수 있는 아늑한 산의 중턱쯤에 '겨울집 Өвөлжөө 으월저-'을 짓는다. 추운 겨울을 잘 견디고 있는지, 가축들이 무사한지 등을 서로 묻는 것이 예의이며, "Сайхан өвөлжиж байна уу? 새항 으월지즈 밴오? 겨울 잘 보내고 계십니까?"라고 인사한다.

15 | 제15과 다라- 다힌 오올자츠가이
Дараа дахин уулзацгаая
다음 만남을 기대합니다

대화

Минжон
민정:

멍걸테 배고올쏭 앙흐니- 게레- 암질트태 벌쏭드 마쉬 이흐 바야르태 밴.

Монголтой байгуулсан анхны гэрээ амжилттай болсонд маш их баяртай байна.

몽골과의 첫 계약이 잘 성사되어 기쁩니다.

Анар
아나르:

비드 치 바스 아딜 바야르태 밴. 멍걸드 다힌 이레-레-.

Бид ч бас адил баяртай байна. Монголд дахин ирээрэй.

저희도 같은 마음입니다. 몽골에 또 오세요.

Минжон
민정:

메데-즈 테근. 우제스글렌트 테를지익 마르타즈 차다흐귀 바하-.

Мэдээж тэгнэ. Үзэсгэлэнт Тэрэлжийг мартаж чадахгүй байхаа.

물론입니다. 아름다운 테를지 공원을 잊을 수 없을 것 같습니다.

Анар
아나르:

다라-깅 오다- 앨칠라하드 멍걸링 배갈링 얼렁 새항 가즈로-디익 하로올라히익 후스츠 밴.

Дараагийн удаа айлчлахад монголын байгалын олон сайхан газруудыг харуулахыг хүсч байна.

다음에 방문하시면 몽골의 다양한 풍경을 보여드리고 싶군요!

Минжон
민정:

티무, 어더-너-슬 테쌍 야당 훌레즈 밴 슈!

Тийм үү, одооноос л тэсэн ядан хүлээж байна шүү!

와, 벌써 기대가 되는데요!

Анар
아나르:

자 테그웰 설렁거스트 오올자츠가-이.

За тэгвэл Солонгост уулзацгаая.

그럼 한국에서 뵙겠습니다.

Минжон
민정:

티기, 훌레-즈 배. 어럴처흐 후무-스 시-뎅겅구-트 메덱데-레-.

Тэгье, Хүлээж байя.
Оролцох хүмүүс шийдэгдэнгүүт мэдэгдээрэй.

네, 기다리고 있겠습니다. 참석자가 정해지는 대로 연락 주세요.

Анар
아나르:

자, 샌 야우즈 어처-드 얘래래-이.

За, Сайн явж очоод яриарай.

네, 잘 가시고 도착하면 연락 주십시오.

- 다시 뵙길 바랍니다.
  Дахин уулзахыг хүсэн ерөөе. 다힌 오올자히익 후셍 유루-이.
- 한국에서 만나요. **Солонгост уулзацгаая.** 설렁거스트 오올자츠가-이.
- 몽골에 또 오세요. **Монголд дахин ирээрэй.** 멍걸드 다힌 이레-레-.
- 다음 회의 때 뵙겠습니다. **Дараагийн хурал дээр уулзацгаая.** 다라-기잉 호랄 데-르 오올자츠가-이.
- 좋은 결과가 있길 바랍니다. **Сайн үр дүн гарахыг хүсч байна.** 샌 우르 둔 가라힉 후스츠 밴.
- 우리 함께 잘해봅시다. **Хамтдаа хичээцгээе.** 함트다- 히체-츠게-이.
- ~항상, 언제나, 늘 (**дандаа** 단다-, **үргэлж** 우르겔즈, **байнга** 뱅그, **хэзээд** 헤제-드)

  > **예**
  > 항상 똑같죠. **Хэзээд байдгаараа.** 헤제-드 배-드가-라-.
  > 항상 기뻐한다. **Үргэлж баясна.** 우르겔즈 바이슨.
  > 나는 항상 바쁘다. **Би дандаа завгүй байдаг.** 비 단다- 자우귀 배득.

같은, 닮은	адил	아딜	잊다	мартах	마르타흐
방문하다	айлчлах	앨칠라흐	기다리다	хүлээх	훌레-흐
자연	байгаль	배갈	결정되다	шийдэгдэх	쉬-덱데흐
알리다, 전하다	мэдэгдэх	메덱데흐	축원하다, 바라다	ерөөх	유루-흐
결과, 성과	үр дүн	우르 둔	나오다, 나가다	гарах	가라흐
노력하다	хичээх	히체-흐	함께	хамт	함트

기뻐하다	баясах	바야사흐	바쁜	завгүй	자우귀
다시 만나다	дахин уулзах	다힌 오올자흐	아름다운	үзэсгэлэнт	우제스글렌트
출발하다	явах	야와흐	보여주다	харуулах	하롤라흐
도착하다	очих	어치흐	환송	үдэх	우데흐

문법과 활용

■■▶ ~을 좋아하다, 싫어하다

~을/를 좋아하다/싫어하다 [목적어+-нд дуртай 도르태/дургүй 도르귀]

예
저는 고기를 좋아해요. Би маханд дуртай. 비 마흔드 도르태.
저는 채소를 싫어해요. Би ногоонд дургүй. 비 너겅드 도르귀.

※ 무엇 юу 요, 고기 мах 마흐, 채소 ногоо 너거-

연습하기

주어진 문장을 몽골어로 써보자.

1. 한국에서 만나요.

_____

2. 몽골에 또 오세요.

_____

3. 물론입니다.(그럴게요)

_____

4. 기다리고 있겠습니다.

_____

공항

울란바토르 항올구에 위치한 칭기즈칸 국제공항. 국적기인 MIAT 몽골항공, 에어로 몽골리아, 이즈니스 항공, 훈누에어 항공이 있다. 현재 칭기즈칸 국제공항이 유일하지만 울란바토르 시에서 50킬로 떨어진 곳에 위치한 톱 아이막에 신공항 공사가 진행 중이며, 2018년 하반기에 완공될 예정이다.

항공사 운항시간표

1) 몽골항공(MIAT) 하계 기간

		월요일	화요일	수요일	목요일	금요일	토요일	일요일
ULN	출국	08:45	08:45	–	08:45	08:45	08:45	08:45
ICN	도착	12:50	12:50	–	12:50	12:50	12:50	12:50
ICN	출국	14:20	14:20	–	14:20	14:20	14:20	14:20
ULN	도착	16:50	16:50	–	16:50	16:50	16:50	16:50

2) 대한항공 동계 기간

대한항공 시간표는 2월, 3월, 10월에 변경되는데, 하계 기간에는 관광 시즌이라 스케줄이 자주 변경되므로 항공사 안내 센터에서 안내를 받고 예약하는 것이 확실하다.

		월요일	화요일	수요일	목요일	금요일	토요일	일요일
ULN	출국	17:10	–	17:10	17:10	17:10	17:10	17:10
ICN	도착	21:15	–	21:15	21:15	21:15	21:15	21:15
ICN	출국	13:00	–	13:00	13:00	13:00	13:00	13:00
ULN	도착	15:50	–	15:50	15:50	15:50	15:50	15:50

몽골항공과 대한항공의 항공료는 비슷하다. 보통 60만 원 중후반대에서 왕복 티켓을 구매할 수 있는데, 성수기에는 100만 원이 넘는 금액까지 가격이 오르니 미리미리 준비하는 것이 좋다.

연습하기 정답

01 │ 일상회화 편

 01과 A-d, B-c, C-a, D-b

 02과 бэ, вэ, уу, үү, юу, юү

 03과 A-옆, B-안, C-아래, D-밖

 04과
1. 괜찮으세요? <u>Зүгээр үү?</u>
2. 무서워요. <u>Айж байна.</u>
3. 미안합니다. <u>Уучлаарай.</u>
4. 감사합니다. <u>Баярлалаа.</u>
5. 1층에 있어요. <u>Нэг давхарт байгаа.</u>

 05과 A-d, B-c, C-a, D-b

 06과 1.화요일, 2.금요일, 3.일요일, 4.월요일

 07과
1. 사과는 얼마예요? <u>Алим ямар үнэтэй вэ?</u>
2. 2,000투그릭입니다. <u>Хоёр мянган төгрөг.</u>
3. 과일의 이름이 뭐예요? <u>Ямар нэртэй жимс вэ?</u>
4. 이것은 비싸요. <u>Энэ үнэтэй байна.</u>

08과

1. таалагдаж (타알락다즈)
2. Хямдрах (함드라흐)
3. хувцас (홉차스)
4. хэд (헤드)

 09과

1. 오른쪽으로 가세요. **Баруун тийш яваарай.** (바롱 티-시 야와래)
2. 멈추세요. **Зогсоорой.** (적서-레-)
3. 물론이죠. **Мэдээж.** (메데-즈)
4. 가깝습니다. **Ойрхон.** (어이르헝)

 10과

1. 버스는 어디에서 타나요?
   Хвтобусанд хаанаас суух вэ? (아우토산드 하-나-스 소-호?)
2. 어디에서 내리세요? **Хаана буух уу?** (한 보-호?)
3. 여기에서 내릴게요. **Энд буунa.** (엔드 본-.)
4. 어떻게 가나요? **Яаж явах уу?** (야즈 야호-?)

11과

A-c, B-a, C-d, D-b, E-e

  13과

1. 한국 대사관으로 빨리 가주세요.
   Солонгос улсын элчин сайдын яам руу хурдан яваад өгөөрэй. (설렁거스 올싱 엘칭 새딩 얌로 호르당 야와드 우고-레-.)
2. 식당에서 잃어버렸어요.
   Хоолны газарт хаясан. (허얼니- 가자르트 하이쏭.)
3. 종이하고 펜 주세요.
   Цаас бас үзэг өгөөч. (차-스 바스 우즉 우거-치.)
4. 경찰서는 어디에 있나요?
   Цагдаагийн газар хаана байдаг вэ?
   (착다-기잉 가자르 한 배득 왜?)

02 │ 비즈니스회화 편

01과
1. 2 долоо хоног байх төлөвлөгөөтэй.

2. Бизнесийн зорилгоор ирсэн.

3. Тиймээ, их ядарч байна.

4. Солонгосоос ирсэн.

02과
1. Уучлаарай, интернэт холбогдохгүй байна.

2. Солонгос руу ярих гэж байна.

3. Наян хоёр.

4. Зүүн гар тийшээ яваарай.

03과
1-c, 2-b, 3-e, 4-d, 5-a

04과
1. таатай(타-태)

2. баярлалаа(바야를라)

3. танилцуулья(타닐촐리)

4. гэдэг(게득)

06과
A-e, B-a, C-d, D-c, E-b

07과
1. 좀 더 구체적으로 설명해주시겠어요?
   Жоохон тодорхой тайлбарлаж өгнө үү?

2. 걱정하지 않으셔도 됩니다.
   Санаа зоволтгүй.

08과 A-c, B-e, C-a, D-f, E-b, F-d

09과 1-C, 2-B, 3-D, 4-A

10과 1. сэдэв   2. арга   3. ажил   4. байгаа   5. бизнес

11과 1-B, 2-D, 3-A, 4-C

12과 A-e, B-b, C-c, D-a, E-d

13과
1. 무슨 문제가 있습니까?
   Ямар нэгэн асуудал байна уу?

2. 계약을 연장합니다.
   Гэрээг сунгаж байна.

3. 시간을 좀 주세요.
   Хугацаа өгөөч.

4. 변경을 요청합니다.
   Өөрчлөх хүсэлтэй байна.

14과
1. 축하합니다. Баяр хүргэе.   2. 기념일 Ойн баяр
3. 결혼식 хуримын ёслол   4. 졸업식 төгсөлтийн баяр

15과
1. 한국에서 만나요. Солонгост уулзацгаая.
2. 몽골에 또 오세요. Монголд дахин ирээрэй.
3. 물론입니다.(그럴게요) Мэдээж(тэгнэ.)
4. 기다리고 있겠습니다. Хүлээж байя.

부 록

주요 국가 약어

국가명	약어	원어
대한민국	БНСУ	공화한국 Бүгд Найрамдах Солонгос Улс 부드 내람다흐 설렁거스 올스 남한 Өмнөд Солонгос 우문드 설렁거스
북한	БНАСАУ (БНАСУ)	공화인민한국 Бүгд Найрамдах Ардчилсан Солонгос(Ард) Улс 부드 내람다흐 아르드칠상 설렁거스 아르드 올스 북한 Хойд Солонгос 허이드 설렁거스
미국	АНУ	아메리카연합국가 Америкийн нэгдсэн улс 아메리킹-넥드셍 올스
중국	БНХАУ	공화중국 인민국가 Бүгд Найрамдах Хятад Ард Улс 부드 내람다흐 햐타드 아르드 올스
러시아	ОХУ	러시아 연방국가 Оросын Холбооны Улс 어러싱 헐버-니 올스

약어 읽기

- 울란바토르: УБ - Улаанбаатар 올라앙바-타르

- 대사관: ЭСЯ - Элчин Сайдын Яам 앨칭 새딩 얌

- 몽골항공: МИАТ - Монголын Иргэний Агаарын Тээвэр
  멍걸링 이르게니- 아가-링 테-왜르

- 몽골철도: МТЗ - Монголын төмөр Зам 멍걸링 투무르 잠

- 정부: ЗГ - Засгийн газар 자스기잉 가자르

- 국회: УИХ - Улсын Их Хурал 올싱 이흐 호랄

- 구청: ЗДТГ - Засаг Даргын Тамгын Газар 자삭 다르깅 타므깅 가자르

- 몽골 국영 방송국: МҮТВ - Монголын Үндэсний Телевиз 멍걸링 운데스니- 텔레비즈

- 몽골 국립대학교: МУИС - Монгол Улсын Их Сургууль 멍걸 올싱 이흐 소르고올

- 국영 백화점: УИД - Улсын Их Дэлгүүр 올싱 이흐 델구-르

- 경찰청: ЦЕГ - Цагдаагийн Ерөнхий Газар 착다-기잉 유룬히- 가자르

- 교통경찰국: ЗЦГ - Замын Цагдаагийн Газар 자밍 착다-기잉 가자르

- 주유소: ШТС - Шатахуун түгээх станц 샤타호옹 투게-흐 스탄츠

- 보건복지부: ЭМЯ - Эрүүл Мэндийн Яам 에루울 멘딩 얌

- 주식회사: ХК - Хувьцаат Компани 호위차-트 컴파니

- 유한책임회사: ХХК - Хязгаарлагдмал Хариуцлагатай Компани
  햐즈가-를락드말 해로츨락태- 컴파니

- 주민등록정보센터: ИБМУТ - Иргэний Бүртгэл Мэдээллийн Улсын Төв
  이르게니- 부르트겔 메델-링 올싱 투우

Global Biz **Mongolian**

샌배노
몽골어

일상회화 편·비즈니스회화 편

2017년 12월 30일 1판 1쇄 발행

저　　자 강사라 · 김명화
한글교정 정소연
오 디 오 김명화, 토야
진　　행 김주경, 한수진, 이용태, 한이임철
디 자 인 최형준
발 행 인 최진희

펴 낸 곳 (주)아시안허브
등　　록 제2014-3호(2014년 1월 13일)
주　　소 서울특별시 관악구 신림동 1546-5 (신림로19길 46-8)
전　　화 070-8676-3028
팩　　스 070-7500-3350
홈페이지 http://asianhub.kr
온라인캠퍼스 http://asianlanguage.kr

값 18,000원
ISBN 979-11-86908-30-3(03730)

이 도서의 국립중앙도서관 출판예정도서목록(CIP)은
서지정보유통지원시스템 홈페이지(http://seoji.nl.go.kr)와
국가자료공동목록시스템(http://www.nl.go.kr/kolisnet)에서
이용하실 수 있습니다. (CIP제어번호: CIP2017030245)